DROGAS, CRIMES E PRISÕES

Alan Paiva

DROGAS, CRIMES E PRISÕES

Dados Internacionais de Catalogação na Publicação (CIP)
(Câmara Brasileira do Livro, SP, Brasil)

Paiva, Alan
    Drogas, crimes e prisões / Alan Paiva. -- São Paulo : Paulinas, 2019.

    ISBN 978-85-356-4489-0

    1. Crimes - Aspectos sociais 2. Drogas - Abuso - Aspectos religiosos 3. Drogas - Abuso - Aspectos sociais 4. Drogas - Leis e legislação 5. Drogas - Prevenção - Problemas sociais 6. Políticas das drogas 7. Prisões - Problemas sociais I. Título.

    18-22996   CDD-362.29

Índices para catálogo sistemático:
1. Drogas, crimes e prisões : Problemas sociais 362.29

Iolanda Rodrigues Biode - Bibliotecária - CRB-8/10014

Direção-geral: *Flávia Reginatto*
Editores responsáveis: *Vera Ivanise Bombonatto*
Antonio Francisco Lelo
Copidesque: *Ana Cecilia Mari*
Coordenação de revisão: *Marina Mendonça*
Revisão: *Sandra Sinzato*
Gerente de produção: *Felício Calegaro Neto*
Capa e diagramação: *Tiago Filu*
Imagem capa: *@olegkrugllyak/depositphotos.com*

1ª edição – 2019

Nenhuma parte desta obra poderá ser reproduzida ou transmitida por qualquer forma e/ou quaisquer meios (eletrônico ou mecânico, incluindo fotocópia e gravação) ou arquivada em qualquer sistema ou banco de dados sem permissão escrita da Editora. Direitos reservados.

Paulinas
Rua Dona Inácia Uchoa, 62
04110-020 – São Paulo – SP (Brasil)
Tel.: (11) 2125-3500
http://www.paulinas.com.br – editora@paulinas.com.br
Telemarketing e SAC: 0800-7010081
© Pia Sociedade Filhas de São Paulo – São Paulo, 2019

Para Maria Fernanda, luz da minha vida.

"O grau de civilização de uma sociedade pode ser medido entrando nas suas prisões."
Fiodor Dostoievski

"As causas de tanto desabamento nos corpos e nas almas até de crianças são sociais. Os remédios hão de ser sociais."
Roberto Lyra

"O universo da drogadição, ainda que ilusoriamente envolto numa profunda sensação de prazer, é um universo de dor. O universo do castigo, simbolizado e institucionalizado no sistema penal, também o é."
Vera Regina Pereira de Andrade

Sumário

Prefácio 11
Introdução 17
A guerra perdida 25
Resgatando vidas 31
Drogas e criminalidade 37
Pobres, drogados e criminosos 43
A sociedade punitiva 51
As misérias da prisão 61
Um mundo sem prisões 69
O refugo humano 77
Defendendo os pobres 83
A justiça não é cega 89
A política de drogas 97
A redução da maioridade penal 107
Os direitos humanos 115
Prisões e massacres 121
Conclusão 129
Referências bibliográficas 139

Prefácio

*Um dia, a humanidade se envergonhará
de não ter outro tratamento
para quem cometeu crime
a não ser trancafiar um filho de Deus
como se fosse uma hiena,
um tigre selvagem,
um leão raivoso.*

Dom Helder Camara

A partir de três situações – drogas, crimes, prisões –, o autor deste livro, Alan Paiva, nos apresenta de maneira acessível uma reflexão profunda, crítica, profética e esperançosa sobre três fenômenos complexos de nossa realidade, que muitas vezes se cruzam, se complementam e se corroboram.

O comércio das drogas e a sociedade capitalista neoliberal

As drogas movimentam um enorme mercado. Estudiosos dizem que os três grandes mercados da sociedade capitalista neoliberal são as armas, as drogas e a pornografia. De fato, o capitalismo vive da morte e, quando há uma "crise", fazem-se guerras para movimentar o comércio das armas e afins. Não estaria a chamada "guerra às drogas" nesta mesma lógica?

O vício das drogas (lícitas ou ilícitas) diminui a liberdade humana e, quando a escravidão das drogas se impõe, o ser humano é capaz até de roubar e matar para saciar o seu desejo insaciável... Organizações aproveitam-se dessa dependência para aumentar seu montante financeiro, sem preocupar-se com as vidas e as famílias que, muitas vezes, são abatidas por grandes sofrimentos e até com assassinatos. Essas organizações, no entanto, são atrativas porque oferecem a possibilidade de uma ascensão social na sociedade capitalista, materialista, consumista e excludente que o Estado não oferece. A ausência do Estado, enquanto garantidor de direitos, abre uma enorme brecha para o submundo do tráfico. Mas o caminho do tráfico, quase sempre, finaliza com o assassinato ou a prisão. E, assim, o sistema vive da morte...

O encarceramento em massa

O aumento do consumo/comercialização de drogas e da criminalidade tem levado a um fenômeno chamado "grande encarceramento" ou "encarceramento em massa". É assustador o número de prisões efetivadas diariamente no Brasil. O aprisionamento oferece à sociedade a sensação de segurança, uma vez que o "criminoso está preso". Porém, paradoxalmente, quanto mais seres humanos presos, mais aumenta a sensação de insegurança... A *lógica* da consciência ingênua, então, é exigir mais presídios como se estes fossem de fato a melhor resposta.

Não sabemos quase nada sobre encarceramento nem sobre o que se quer com o mesmo. Quem realmente é preso? O que acontece dentro da prisão? Qual é o tratamento que os presos recebem? Que apoio é dado aos agentes penitenciários, a fim de desempenharem profissional e eticamente seu ofício? Que educação e recuperação os presídios oferecem? Será o encarceramento em massa a solução? Por que cresceu enormemente o aprisionamento das mulheres? A quem interessa o aprisionamento em massa? Até que ponto o criminoso também não é vítima? A Pastoral Carcerária, conhecedora de parte da realidade carcerária, entende que o cárcere não é sinônimo de segurança, paz e justiça. É, sim, um instrumento para manter a desigualdade social e violentar as pessoas e classes menos protegidas e marginalizadas.

Uma vocação cristã

Conheci Alan Paiva em 2016, na 62ª Feira do Livro de Porto Alegre, durante o lançamento de seu livro *Amor sem limites: a luta contra as drogas*. Na ocasião, eu estava lançando o livro *Francisco e Helder: sintonia espiritual*. Conversamos, trocamos ideias, nos conhecemos. Fiquei feliz em saber que um advogado criminalista fez de sua profissão uma vocação cristã! Como assistente espiritual da Pastoral Carcerária, desejei a ele muitas bênçãos para que continue firme nesse modo de seguir Jesus Cristo. Nem imaginávamos que agora eu estaria fazendo o prefácio deste seu segundo livro, que visa contribuir para o debate que hoje se estabelece sobre drogas, crimes e prisões.

Este livro, além do conhecimento já produzido por intelectuais, impregna a experiência que o autor exerce junto às pessoas que buscam amparo na *Fazenda do Amor Misericordioso*. Nesse local, Alan relata que se encontrou com pessoas provenientes das camadas mais pobres da população, que querem libertar-se da escravidão das drogas e construir uma nova vida, e também com padres, religiosas e agentes de pastoral que assumem a missão de ser discípulos de Jesus Cristo nesta *periferia social e existencial*. Arrisco-me a dizer que ele encontra o próprio Cristo (Mt 25,31-46).

Alan nos expõe que ali é possível descobrir três elementos que as drogas, os crimes e o encarceramento em massa tiram dos filhos de Deus: a convivência comunitária, o trabalho como processo de construção de si mesmo e a espiritualidade cristã que desperta para novos valores, permitindo encontrar um sentido para a própria vida e uma outra orientação de vivência em sociedade. Busca-se superar o egoísmo com uma vida altruísta.

De fato, sem altruísmo não haverá liberdade, perdão, justiça, paz. Nesse sentido, quão profundas foram as palavras do Papa Francisco, durante a homilia no Jubileu dos Encarcerados (06/11/2016):

[...] suscitar em cada um de vós o desejo da verdadeira liberdade é uma tarefa a que a Igreja não pode renunciar. Às vezes, uma certa hipocrisia impele a ver em vós apenas pessoas que erraram, para quem a única estrada é o cárcere. Não se pensa na possibilidade de mudar de vida, há pouca confiança na reabilitação. Mas, assim, esquece-se que todos somos pecadores e, muitas vezes, também somos prisioneiros sem nos dar conta. Quando se permanece fechado nos próprios preconceitos, ou se é escravo dos ídolos dum falso bem-estar, quando nos movemos dentro de esquemas ideológicos ou se absolutizam leis de mercado que esmagam as pessoas, na realidade limitamo-nos a viver dentro das paredes estreitas da cela do individualismo e da autossuficiência, privados da verdade que gera a liberdade.

Outro horizonte social: economia para a vida

As três situações – drogas, crimes e prisões – afetam nossas relações porque temos pessoas próximas a nós – e nós mesmos – envolvidas. Somos afetados por elas ou por suas consequências. As soluções não são simples e rápidas, mas são possíveis. Para tanto, é necessário se desfazer das soluções fáceis da política convencional e fracassada, como a mera repressão ou a justiça vingativa que na verdade perpetua a desigualdade social, pois é um engano social acreditar que a segurança e a ordem só são alcançadas prendendo as pessoas.

É necessário o envolvimento, a participação efetiva de vários setores da sociedade, o diálogo, o compromisso com os seres humanos envolvidos, a força de vontade, a crença na justiça restaurativa, a confiança no poder do perdão, a construção de uma nova política criminal... Na verdade, a solução requer uma reeducação de todos – e não apenas dos usuários de drogas, criminosos e encarcerados –, tendo em vista outro horizonte de sociedade, com nova perspectiva econômica, pois sabemos que uma economia que se firma e promove a desigualdade social não assegura o valor da vida: "esta economia mata".

Acredito que a leitura deste livro contribuirá para a ampliação da nossa consciência crítica, abrindo novos caminhos.

Boa leitura!

Pe. Ivanir Antonio Rampon
Doutor em Teologia Espiritual pela Pontifícia Universidade Gregoriana de Roma. É presbítero da Diocese de Passo Fundo (RS), professor de Teologia na Itepa Faculdades e assistente espiritual da Pastoral Carcerária.

Introdução

No ano de 2015, escrevi o livro *Amor sem limites: a luta contra as drogas*, que foi publicado por Paulinas Editora. Ele narra minha experiência como advogado criminal na defesa de dependentes químicos que buscam tratamento em uma instituição terapêutica ligada à ação social da diocese de Pinheiro, no Maranhão.

Logo após sua publicação em abril de 2016, decidi aprofundar e anotar algumas reflexões que foram ali brevemente expostas sobre drogas, crimes e prisões. Essas anotações resultaram no presente livro, que também é fruto da minha experiência profissional, bem como dos meus estudos sobre esses três temas tão atuais quanto relevantes.

Diante do crescimento do consumo de drogas (consequentemente do comércio ilícito), da criminalidade em todos os níveis e do grande número de prisões efetuadas no país, a ponto de se falar hoje em encarceramento em massa, essa discussão nunca se mostrou tão necessária. Por isso, resolvi escrever sobre o assunto, a fim de contribuir, de algum modo, para o debate que hoje se estabelece sobre a violência que aumenta a cada dia, adquirindo proporções de tragédia.

No entanto, devo dizer que desde o início moveu-me o desejo de escrever algo que pudesse ser lido pelo leitor comum, embora acredite que este livro pode ser útil também para aqueles especialistas que trabalham com essas questões. Isso se justifica pelo fato de que, atualmente, esse grave problema atinge toda a sociedade e precisa ser conhecido e debatido de forma ampla.

A grande maioria dos livros que tratam desses assuntos destina-se aos estudantes e profissionais das diversas disciplinas, que os tomam como objeto de investigação (Direito, Sociologia, Psicologia etc.), e nem sempre é de fácil acesso àqueles que, não possuindo conhecimentos especializados, querem compreender a violência em seus diversos aspectos. Por isso, procurei aqui utilizar uma linguagem que melhor atenda a esse objetivo.

Como afirmou o sociólogo francês Henri Bergeron,

> O uso daquilo que se designa habitualmente como drogas (ópio, heroína, maconha etc.) se desenvolveu nas sociedades ocidentais no final do século XIX, difundindo-se de modo mais abrangente a partir dos anos 1960, nos Estados Unidos, em seguida na Europa e, hoje, em muitos outros países (2012, p. 7).

No Brasil, como em outros países da América Latina, essa prática assume proporções alarmantes a partir da década de 1990. No mesmo passo, verifica-se o aumento da criminalidade nas grandes cidades, assim como os altos índices de encarceramento que colocaram o país na posição de terceira maior população carcerária do mundo. Tal fenômeno ficou conhecido, entre nós, como "o grande encarceramento".

Antes consumidas pelos indivíduos pertencentes às camadas mais privilegiadas e esclarecidas da sociedade, as drogas foram disseminadas entre as mais empobrecidas. A dependência química transformou-se, então, em verdadeira pandemia, numa sociedade que, por enquanto, não consegue ver saída possível para esse problema.

No imaginário popular, os três temas aqui abordados estão intimamente relacionados entre si. A mídia ajuda a reforçar essa relação com notícias diárias sobre crimes que teriam origem na guerra travada entre traficantes pelo controle do tráfico de drogas. As autoridades ligadas à área da segurança pública também justificam com esse argumento o aumento da criminalidade nos grandes centros urbanos e sua incapacidade de combatê-lo.

Diante disso, ninguém pode dizer, em sã consciência, que não tem nada a ver com isso. A droga e a violência atingem hoje todas as classes sociais e ninguém está imune às suas consequências. Mesmo que a pessoa não esteja vivendo o problema da drogadição, que tem causado dor e desespero em tantas famílias, ela pode ser vítima da violência que está diretamente relacionada ao consumo de drogas lícitas ou ilícitas.

Do mesmo modo, a prisão é um assunto que precisa ser debatido por toda a sociedade, porque também tem a ver com a violência que acontece nas ruas. Se pensarmos que ela é comandada do interior das nossas prisões superlotadas que não recuperam ninguém, muito menos diminuem a criminalidade, veremos que não podemos ficar alheios a essa discussão, que deve estar na ordem do dia.

Ninguém ignora o fato de que as camadas mais baixas da população constituem a clientela do sistema penal – que atua de modo repressivo, seletivo e estigmatizante –, visto que a elas pertencem os indivíduos que habitam os presídios e as delegacias de polícia. Essa constatação confirma o ditado popular segundo o qual, no nosso país, rico não vai para a cadeia, sendo que alguns casos emblemáticos constituem meras exceções.

Por esse motivo, saber se a prisão, que muitos afirmam estar falida há muito tempo, cumpre os objetivos declarados (prevenção do delito e ressocialização do delinquente) que legitimam seu funcionamento ou se, pelo contrário, ajuda no incremento da violência, é fundamental para compreendermos o papel que essa instituição desempenha na sociedade e tomarmos uma posição. Afinal de contas, nestes tempos difíceis em que vivemos, não podemos mais alimentar quaisquer ilusões quanto ao sistema prisional.

Nesse contexto, o trabalho realizado pela Igreja Católica, nas fazendas de tratamento de dependentes químicos existentes em diversos lugares do país, mostra-se imprescindível, uma vez que, ao atender pessoas pobres que não têm condições de pagar uma clínica particular, vem contribuindo para a diminuição da violência nas regiões onde estão implantadas, resgatando vidas que em algum momento se perderam no mundo das drogas e do crime.

Portanto, é fácil perceber que drogas, crimes e prisões estão profundamente associados, e quem quiser compreender as raízes da violência que nos aflige hoje em dia terá que abordar esses assuntos em sua relação intrínseca. Neste livro, procuro dar minha contribuição a essa discussão que deve envolver todos os setores da sociedade.

Os outros temas aqui tratados também guardam relação com essa problemática social. A política de drogas adotada no Brasil, que tem na repressão seu principal aspecto, vem sofrendo críticas que merecem ser levadas em consideração, se quisermos construir uma política criminal comprometida com a vida e a cidadania do nosso povo. O massacre de jovens pobres e negros pela polícia decorre desse modelo fracassado em sua forma de enfrentar o problema das drogas.

A sociedade punitiva, que cede espaço para a existência de um autêntico Estado Penal, é uma discussão imprescindível. Em nome da segurança pública, relativizam-se direitos e garantias fundamentais, como a ampla defesa e a presunção de inocência. Acredita-se que o Direito Penal, através da criminalização de novas condutas e do aumento de penas para crimes já existentes, irá combater a crescente criminalidade. A lei dos crimes hediondos está aí para mostrar que o agravamento das penas não reduziu esse tipo de crime.

Não é difícil constatar que o punitivismo tem-nos impedido de enxergar as soluções mais adequadas para as questões relativas à segurança pública. Para falar a verdade, presenciamos uma espécie de gozo coletivo toda vez que a mídia noticia espetacularmente a prisão de alguém acusado de corrupção. Do mesmo modo, pessoas estão sendo linchadas em praça pública sob os aplausos da multidão.

A redução da maioridade penal, sempre proposta pelos políticos conservadores como remédio miraculoso contra a criminalidade, tem como objetivo penalizar a pobreza e segregar seu elemento mais vulnerável – a juventude alijada dos benefícios sociais e dos bens de consumo. Além de não resolver o problema da violência, tal medida tende a incrementá-lo, uma vez que colaborará com a superlotação das prisões com todas as suas consequências.

Parece inacreditável que, em pleno século XXI, ainda alimentemos a crença de que essa instituição representa a solução para os problemas sociais. A sociedade punitiva transformou a prisão numa autêntica questão de fé. Dever-nos-iam servir de advertência as sábias palavras do Papa Francisco ao visitar, em 2016, a prisão de Ciudad Juárez, no México: "É um engano social acreditar que a segurança e a ordem só são alcançadas prendendo as pessoas".

É hora de refletirmos se esse punitivismo que domina a sociedade, mantendo-nos num estado permanente de cegueira, nada mais é que puro desejo de vingança travestido de anseio por justiça. Afinal, o que é a prisão, com sua carga de violência e morte, senão a institucionalização do sentimento de vingança que trazemos nos corações?

Alberto Zacharias Toron, advogado criminal paulista, afirmou que, "se há algum lugar na face da terra que possa ser chamado de inferno, este é a prisão" (SZAFIR, 2010, p. 7). Entretanto, só desejamos uma temporada nesse inferno para os outros, para aqueles que não conhecemos, não para as pessoas que amamos. Para estas, reservamos sempre nossa compreensão e nosso perdão, esperando que essa atitude facilite sua entrada no paraíso.

Como se pode ver, os temas tratados nas páginas seguintes são de grande relevância e não podem ficar restritos aos especialistas e às universidades, pois afetam a vida de todos os cidadãos brasileiros. Por essa razão, precisamos ter alguma noção com respeito a eles, para melhor refletir e agir diante dos problemas que nos afligem. Só assim será possível encontrar soluções para a violência que toma conta das nossas cidades.

Espero que as reflexões contidas neste livro possam despertar o pensamento crítico do leitor e ajudá-lo a tomar consciência da nossa complexa realidade. Escrevi-o porque acredito, como o escritor uruguaio Eduardo Galeano, que todos nós "temos algo a dizer aos outros, alguma coisa, alguma palavra que merece ser celebrada ou perdoada".

A GUERRA PERDIDA

O discurso que ainda predomina, no âmbito da nossa política de segurança pública, é o da guerra às drogas. Desde que foi declarada pelos Estados Unidos, nos anos 1970, vem sendo travada sem trégua – e sem esperança de vitória – na América Latina, cujas veias continuam abertas e jorrando sangue por todos os lados.

Nessa guerra, que antes se limitava aos grandes centros urbanos e começa a chegar às pequenas cidades do interior, perdemos todos nós que já não podemos contar as vítimas do tráfico de drogas e da ação da polícia. Como afirmou a socióloga Julita Lemgruber:

> A guerra fracassada ao tráfico deixa vítimas por todo o caminho. [...] Morrem bandidos, moradores e policiais. Uma polícia que mata muito, morre muito.

Contudo, o sangue derramado de inocentes e de culpados – principalmente de jovens negros e pobres das periferias, que são vitimados pela polícia em nome do combate às drogas – é visto como normal pelos órgãos de segurança pública, os quais se mostram incapazes de repensar a política de drogas há muito implantada no país, produzindo dor, violência e morte.

Os dados da violência já deveriam ter alertado as autoridades acerca do fracasso dessa política. O número de homicídios de policiais, bandidos e cidadãos comuns é espantoso e revela que algo está errado com essa maneira de enfrentar o problema. Em 2015, a polícia do Rio de Janeiro matou 645 pessoas. No ano seguinte, esse número subiu para 920. Em São Paulo, 590 pessoas foram assassinadas pela polícia em 2016. Esses números refletem o aumento resultante também da guerra às drogas.

Segundo o Fórum Brasileiro de Segurança Pública (Anuário – 2017), 21.897 pessoas perderam suas vidas em ações policiais entre 2009 e 2016, sendo que 99,3% das vítimas são homens, 81,8% têm entre 12 e 29 anos de idade e 76,2% são negros. O Informe Anual 2016/2017 da Anistia Internacional, intitulado "O estado dos direitos humanos no mundo", revela também que jovens negros, principalmente os que moram em favelas e periferias, foram os mais atingidos pela violência policial.

Diante dessa realidade, é possível perceber que a atual política de drogas, com suas trágicas consequências para toda a sociedade, serve apenas como pretexto para a violência policial cotidiana contra pobres, negros e favelados, que constituem as vítimas de uma política criminal irracional que espalha o terror ao mesmo tempo em que procura criar uma falsa sensação de segurança pública.

Não precisamos ter medo do terror que vem de fora porque ele está no meio de nós, convivendo com nossa omissão e nosso silêncio. Na cegueira coletiva em que nos encontramos, mal percebemos que a guerra está sendo travada contra nosso próprio povo sofrido e iludido com as causas da violência que assusta o país. E não fazemos nem dizemos nada porque acreditamos que essa guerra insana nos trará a paz com a qual tanto sonhamos, que da violência sem limites resultará um mundo melhor para todos, que uma política de morte nos garantirá a vida.

Essa política criminal irresponsável, regada a sangue e lágrimas, só tem gerado mais violência, num mundo no qual ninguém está protegido. Julita Lemgruber disse também que

> A política de segurança pública nos grandes centros urbanos está marcada pela estratégia da guerra às drogas, que acaba por provocar mais violência do que aquela que pretende combater.

No entanto, as pessoas parecem não se incomodar com esse estado de coisas, como se elas não estivessem sujeitas a serem atingidas, a qualquer momento, pelos estilhaços dessa guerra sem sentido e sem vencedores.

É ilusão acreditar que as prisões, com sua violência e seletividade, resolverão esse grave problema social. Nessas fábricas de criminosos, encontram-se apenas os pequenos traficantes ou varejistas, meros empregados do tráfico que não podem pagar um advogado de sua confiança, enquanto o verdadeiro traficante consegue livrar-se através da corrupção dos agentes públicos: policiais e até mesmo juízes. Nas operações realizadas nas periferias, é curioso observar como os chefes do tráfico conseguem escapar inexplicavelmente.

A clientela do nosso sistema prisional é formada, em sua grande maioria, por pessoas pobres e negras. No que diz respeito aos presos por tráfico de drogas, eles geralmente são jovens, primários, estavam desarmados e portavam pequena quantidade de droga no momento da prisão. São eles os escolhidos pelo nosso sistema de (in) justiça criminal, os "ninguéns" a que se refere Eduardo Galeano, "que custam menos do que a bala que os mata".

A guerra às drogas, travada diariamente nas ruas, só tem agravado a violência. É uma situação que serve para justificar a exclusão e a criminalização da pobreza. Por isso, precisamos rever essa política, como estão fazendo os Estados Unidos e outros países, que já despertaram para a ineficácia dos meios repressivos e para os danos sociais causados sob o pretexto do combate às drogas. Esse é um assunto que deve ser debatido com os diversos setores da sociedade.

Convém observar que a solução não passa pela simples aplicação da Lei de Drogas (Lei n. 11.343/2006), que tem ocasionado grandes injustiças frequentemente enfrentadas pelos advogados que atuam na área criminal. Basta lembrar a facilidade com que o pobre é condenado como traficante a penas elevadas (5 a 15 anos de reclusão), enquanto o rico, nas mesmas condições, é considerado mero usuário de droga. É um verdadeiro massacre que se pratica contra as classes desfavorecidas.

Contribuem para esse tratamento desigual as condições sociais que, segundo a referida lei, devem ser consideradas pelo juiz para determinar se o indivíduo é usuário ou traficante. Não existe um critério objetivo estabelecendo a diferença entre tais categorias, sendo que tudo fica a cargo do subjetivismo do julgador, que avalia a partir dos seus valores, da sua visão de mundo, dos seus preconceitos e da sua consciência de classe. Fatores esses que são decisivos para a condenação de um ser humano.

Nilo Batista, advogado criminal e professor de Direito Penal da Universidade Federal do Rio de Janeiro (UFRJ) e da Universidade do Estado do Rio de Janeiro (UERJ), escreveu que

> Construir uma política criminal brasileira para a questão das drogas ilícitas apresenta outro enorme esforço, pela importância estratégica da "guerra às drogas" na política externa norte-americana para nosso continente (2004, p. 89).

Apesar dos obstáculos, esse é o único caminho para transformar a nossa realidade social. Não podemos conviver com os elevados índices de violência que só geram sofrimento e envergonham o país perante as nações civilizadas. Perdemos essa guerra e precisamos reconhecer nossa derrota de uma vez por todas. Isso é necessário para que seja possível modificar a forma de lidar com a questão e encontrar soluções com o uso da razão.

O sociólogo francês Loic Wacquant advertiu que

> A adoção das medidas norte-americanas de limpeza policial das ruas e de aprisionamento maciço dos pobres, dos inúteis e dos insubmissos à ditadura do mercado desregulamentado só irá agravar os males de que já sofre a sociedade brasileira em seu difícil caminho rumo ao estabelecimento de uma democracia que não seja de fachada [...] (2011, p. 14).

A elaboração de uma nova política criminal, pensada a partir de novos paradigmas e com amplo debate na sociedade, e a imediata redução dos índices de encarceramento no país, são medidas imprescindíveis para diminuir os danos sociais causados pela chamada guerra às drogas. Somente assim poderemos voltar a acreditar na possibilidade de construirmos uma sociedade na qual prevaleçam os valores da justiça e da solidariedade.

Caso isso não aconteça, iremos presenciar, num tempo não muito distante, a guerra de todos contra todos da qual falava o pensador inglês Thomas Hobbes.

Resgatando vidas

No ano de 2014, tive a oportunidade de conhecer a Fazenda do Amor Misericordioso, instituição de amparo e recuperação de dependentes químicos ligada à ação social da Diocese de Pinheiro, no Estado do Maranhão. Como outras comunidades terapêuticas da Igreja Católica espalhadas pelo país, cumpre um importante papel diante do aumento assustador do consumo de drogas que se verificou nos últimos anos.

A fazenda, que acolhe pessoas provenientes das camadas mais pobres, justamente aquelas que experimentaram um crescimento espantoso no uso de drogas ilícitas, tem contribuído de forma alvissareira para a recuperação de dependentes químicos que chegam em busca de tratamento, bem como para a redução da violência que já atinge as pequenas cidades do interior do Brasil.

No intuito de libertar seres humanos da escravidão das drogas, possibilitando-lhes a construção de uma nova vida, o trabalho ali realizado pretende atingir as causas da dependência química que acabaram empurrando aqueles jovens para o mundo do crime. Uma profunda espiritualidade cristã move os padres, as freiras e os demais colaboradores que assumem essa missão como autênticos discípulos missionários.

Não podemos esquecer que se trata de jovens pobres que não têm condições financeiras para pagar o tratamento numa clínica particular, muito menos a defesa de um advogado. Eles são acolhidos com amor pelas diversas pessoas que trabalham nessas fazendas, porque só com amor é possível ajudá-los em suas necessidades e incentivá-los a abandonar as drogas.

Devo mencionar ainda a Fazenda Esperança, que também se encontra localizada no Maranhão, na cidade de Coroatá, e integra a rede nacional de fazendas do mesmo nome. Há mais ou menos trinta anos, ela vem desenvolvendo um competente e reconhecido trabalho na recuperação de dependentes químicos, sendo referência nessa área. Com sede em Guaratinguetá, Estado de São Paulo, ganhou projeção mundial com a visita do Papa Bento XVI, no dia 5 de maio de 2007, que estava no Brasil para a abertura da V Conferência do Episcopado Latino-Americano e do Caribe. Em 2016, o Papa Francisco gravou em vídeo uma bela mensagem de amor, fé e esperança aos jovens dessa instituição.

Essas comunidades terapêuticas constituem uma alternativa para as famílias que vivem e sofrem com o problema das drogas, sobretudo as mais carentes. Além de oferecerem tratamento para os dependentes químicos, também atuam na preservação dos laços familiares quase sempre rompidos em virtude das drogas. Isso porque a família exerce papel fundamental no processo de recuperação e precisa ter plena consciência disso.

Elas atuam tendo como base a convivência comunitária, o trabalho como processo pedagógico (laborterapia) e a espiritualidade cristã que desperta o dependente químico para o aprendizado de novos valores, permitindo-lhe encontrar sentido e orientação para a vida em sociedade. Não são perfeitas, precisam de maior apoio e colaboração do Governo e da sociedade civil, mas apontam um caminho a seguir na luta contra as drogas e suas consequências devastadoras para o indivíduo e o meio social.

Esses centros de tratamento costumam agir em conjunto com a Pastoral da sobriedade, serviço da Igreja Católica cujo método de trabalho é baseado nos doze passos: *admitir, confiar, entregar, arrepender-se, confessar, renascer, reparar, professar a fé, orar e vigiar, servir, celebrar* e *festejar*. A pastoral também atua como instrumento de apoio indispensável para aqueles que já concluíram o tratamento na fazenda. Como disse Paulo Freire: "ninguém se liberta sozinho, as pessoas se libertam em comunhão".

No Ano Santo da Misericórdia (08/12/2015 a 20/11/2016), assim proclamado pelo Papa Francisco, devemos reconhecer o trabalho admirável realizado por essas instituições e dar nossa contribuição. Elas se constituem, enquanto obras de misericórdia corporal e espiritual, no amparo e no tratamento de jovens que lutam desesperadamente contra a dependência química, em busca de uma nova vida.

Quando penso nessas instituições, lembro-me das prisões para onde muitos dependentes químicos são enviados, após a prática de algum crime. As fazendas realizam algo que o sistema prisional jamais poderá realizar: recuperar homens e reinseri-los na sociedade livres das drogas e da criminalidade com a qual um dia se envolveram.

Com sua dramática realidade, a prisão jamais cumpriu os objetivos de prevenção do crime e de ressocialização do delinquente, com os quais pretendeu legitimar seu funcionamento. Na verdade, o cárcere realiza fins não declarados pelo discurso oficial das agências punitivas, como segregar e até mesmo eliminar indivíduos pertencentes às camadas menos favorecidas da sociedade.

Enganam-se aqueles que pensam que o sistema carcerário está falido. Ele funciona perfeitamente, cumprindo seus reais objetivos.

Segundo a Pastoral Carcerária,

> O cárcere não é sinônimo de segurança, paz e justiça. O sistema carcerário é, na realidade, um instrumento que serve para manter a desigualdade social e violentar as pessoas e as classes menos protegidas e marginalizadas. Ele existe justamente para cumprir esses propósitos. Tragicamente, portanto, não há sistema carcerário falido (2014, pp. 29-30).

A pretexto de combater a criminalidade, o sistema prisional existe como autêntico fator criminógeno. É o que revelam diversos estudos sobre o tema. Presos por crimes leves se especializam nessa universidade do crime, saindo dali pior do que quando entraram. Além disso, assistimos incrédulos à violência sendo comandada de dentro das prisões, revelando a total ineficácia do sistema.

Thomas Hurd, ex-Ministro da Justiça da Inglaterra, disse que o cárcere é "uma maneira cara de tornar as pessoas piores". Podemos afirmar que essas fazendas são uma maneira barata de tornar as pessoas melhores. O trabalho nelas realizado tem resgatado vidas antes perdidas no mundo das drogas e da criminalidade. Sem esse apoio, muitas pessoas não teriam onde buscar ajuda, por falta de condições financeiras.

Mas isso só é possível porque a espiritualidade cristã presente nesses locais procura alcançar, através do amor ao próximo e do serviço, o coração dos internos e as causas profundas da sua enfermidade. Somente com amor podemos resgatá-los, dando-lhes a oportunidade de uma nova vida em liberdade.

O jurista italiano Francesco Carnelutti escreveu estas palavras inesquecíveis:

> Necessita ser pequeno para compreender que o delito é devido a uma falta de amor. Os sábios procuram a origem do delito no cérebro; os pequenos não esquecem que, mesmo como disse Cristo, os homicídios, os furtos, as violências, as falsificações, vêm do coração. É ao coração do delinquente, que, para saná-lo, deveremos chegar. Não há outra via para chegar, senão aquela do amor. A falta de amor não se preenche senão com amor. Amor com amor se paga. A cura da qual o encarcerado precisa é uma cura de amor (2015, pp. 74-75).

Por tudo o que realizam em prol do indivíduo e da comunidade, tais instituições merecem mais atenção do Estado e da sociedade civil, que pouco têm contribuído para o trabalho que elas desenvolvem com amor, dedicação e competência, e que atua nas raízes da drogadição e da violência.

Drogas
e criminalidade

O fenômeno das drogas – lícitas e ilícitas – atinge proporções ainda maiores quando se analisa o problema da criminalidade que hoje aterroriza as pequenas e grandes cidades. Nesse campo, ressalta-se a influência do álcool na prática de crimes cada vez mais violentos. Pesquisas revelam que cerca de 80% dos homicídios praticados no Brasil ocorrem nas proximidades de bares, boates etc. Como se não bastasse esse dado no mínimo preocupante, verifica-se que 75% das infrações de trânsito com vítimas são provocadas por motoristas que se encontram sob o efeito de álcool ou de outras drogas. Isso sem mencionar os casos de violência doméstica que têm como causa ou concausa o alcoolismo.

Conclui-se daí que o álcool é a droga que mais mata neste país, o que não constitui nenhuma novidade. Não obstante essa constatação, seu consumo é permitido legalmente, aceito socialmente e até mesmo incentivado através de campanhas publicitárias milionárias que escondem, sempre em ambientes alegres e festivos, a dor e o sofrimento decorrentes do uso frequente e abusivo de bebidas alcoólicas.

O dano social causado pelo álcool revela-se muito maior que o das demais drogas também pelo fato de ser permitido pela legislação e estimulado pela família. Muitos jovens têm sua primeira experiência com o álcool no próprio ambiente familiar. Acrescente-se a isso que, para alguns especialistas, tal situação serve de porta de entrada para drogas ilícitas como a maconha, a cocaína e o crack, cujo consumo cresceu muito nos últimos anos. E também leva ao cometimento de crimes.

Segundo Nilo Batista,

> O álcool é realmente a droga que, sem comparação possível com qualquer outra, constitui um problema de saúde pública no Brasil (1990, p. 67).

Entretanto, Governo e sociedade civil ainda não despertaram para essa grave situação, insistindo em cuidar apenas dos efeitos, na forma de punição, do uso abusivo e cada vez mais cedo de bebidas alcoólicas. Os presídios estão superlotados de pessoas que cometeram crimes sob a influência do álcool e de outras drogas.

O tráfico de drogas, associado à violência policial, tem sido responsável pela morte de milhares de jovens pobres e negros das periferias. Não podemos ignorar que muitos deles seguem esse caminho por causa da falta de oportunidades, em busca de melhores condições de vida. Além disso, o fato de seguirem por essa direção lhes possibilita o financiamento do uso de drogas, bem como a conquista de *status* e de poder na comunidade. Assim, eles se tornam pequenos traficantes que, quando não são mortos nas operações policiais, acabam indo parar na prisão, onde se especializam cada vez mais.

Roubos, homicídios e latrocínios são crimes que costumam estar associados a essa atividade ilegal, sendo muitas vezes cometidos em razão de dívidas contraídas com traficantes. Tem sido comum as autoridades responsáveis pela segurança pública explicarem o aumento da violência com o argumento de que se trata de guerra entre facções criminosas pelo controle do tráfico de drogas em determinadas áreas. Assim, procuram justificar sua incompetência para lidar com esse grave problema, bem como legitimar a violência policial contra as vítimas de sempre: pobres, negros e favelados.

Muitos dependentes químicos começam praticando pequenos furtos na sua própria casa para adquirir droga, depois passam a cometer assaltos que podem resultar em homicídios. Desse modo, eles seguem na criminalidade e, caso não procurem ajuda especializada, podem ter como destino a prisão ou o cemitério. Diante da situação das nossas prisões, amplamente divulgada pelos meios de comunicação, entrar ali pode ocasionar a morte.

Como disse Francesco Carnelutti,

> Sob um certo aspecto, pode-se assemelhar a penitenciária a um cemitério; mas se esquece de que o condenado é um sepultado vivo (2015, p. 72).

No entanto, é preciso observar que, apesar de drogas e criminalidade estarem associadas no imaginário popular, nas estatísticas e páginas policiais, o uso dessas substâncias pode não ser o fator determinante da delinquência. Com efeito, embora possa provocar a prática de delitos, a droga não é uma condição necessária nem suficiente para isso. Há outros fatores capazes de levar o indivíduo a ingressar no mundo do crime.

Afirma Henri Bergeron que:

> O fato de delinquência e uso estarem estatisticamente associados não pode constituir um argumento a favor de uma repressão maior do uso e da toxicomania, quando se descobre (o que essa constatação não nos diz) que o uso não é uma condição necessária nem suficiente para a delinquência. Não é porque um usuário começou a usar drogas antes de se tornar delinquente que sua delinquência é causada por esse uso (2012, p. 100).

De acordo com o referido autor, é preciso considerar, no estudo desse complexo fenômeno, fatores antecedentes e concomitantes que podem ser mais decisivos do que o consumo de drogas para a elucidação das causas dos atos criminosos. Diversos fatores, como oportunidades sociais, contexto social da realização da conduta, influência do grupo e disposição do indivíduo, podem ser determinantes para a prática delitiva por parte do usuário ou do dependente químico.

A baixa escolaridade e o desemprego que atingem as populações mais carentes do país são situações que, sem sombra de dúvida, contribuem para o ingresso do indivíduo na criminalidade, sobretudo na prática de crimes contra o patrimônio, como o furto e o roubo, bem como tráfico de drogas. Aliás, a profunda desigualdade que caracteriza a sociedade brasileira tem sido responsável pela ocorrência de crimes cada vez mais violentos e pelo encarceramento em massa que se verificou nas últimas décadas. É comum as pessoas perguntarem se é a droga que leva à delinquência ou o contrário. Não é fácil responder a essa questão devido à sua complexidade.

Para Henri Bergeron

> A droga mantém muito mais uma "relação de vizinhança" com a delinquência do que uma relação de estrita causalidade (fora as infrações à legislação sobre os entorpecentes) (2012, p. 97).

De fato, as drogas podem levar o indivíduo para a criminalidade, assim como sua inserção no mundo do crime pode ocasionar o uso daquelas substâncias.

Laura Nunes e Jorge Trindade escreveram o seguinte:

> [...] se, por um lado, essa estreita associação entre os dois comportamentos não se apresenta como uma relação causal linear (BROCHU, 2006; KEENE, 2005), por outro, está solidamente estabelecido e comprovado que muitos dos sujeitos que manifestam comportamentos antissociais, alguns dos quais de caráter criminal, acabam também por consumir drogas de forma problemática, como se esta última conduta funcionasse como uma exteriorização de antissocialidade. Acresce ainda que também se verifica o trajeto oposto, ou

seja, aquele em que muitos dos consumidores de substâncias apresentam uma tendência para o posterior desenvolvimento de ações antissociais e mesmo de caráter abertamente delituoso (BROCHU, 2006).

Nesse caso, o que importa é a relação de proximidade entre essas duas experiências, que juntas resultam em enorme risco pessoal e social. Muitos jovens cometem crimes graves, após o consumo de substâncias entorpecentes. Diante disso, surge a seguinte indagação: Foi a droga que os levou a cometerem delitos, ou ela apenas serviu de estímulo? É difícil dizer. Contudo, podemos afirmar que drogas e criminalidade estão intimamente relacionadas e têm destruído milhares de vidas humanas.

Quando se trata da associação entre o consumo de drogas (lícitas ou ilícitas) e a violência nossa de cada dia, é preciso evitar o preconceito e a discriminação que envolvem o assunto, impedindo-nos de encontrar saída para essa situação. Não valem as soluções fáceis, as políticas convencionais e fracassadas, a mera repressão policial que, apoiada por alguns setores da sociedade, tem perpetrado verdadeiro genocídio da juventude negra.

Como escreveu Roberto Lyra, promotor de justiça e professor de Direito Penal da Universidade do Estado do Rio de Janeiro (UERJ),

> Não me interessam os esquemas convencionais e flutuantes quando vemos, todo dia, na rua, jovens em estado mais do que perigoso, exibindo nas fisionomias e atitudes total desmoronamento (1976, p. 88).

POBRES, DROGADOS E CRIMINOSOS

A partir dos anos 1990, verifica-se um aumento significativo do consumo de drogas entre os moradores das periferias, principalmente os jovens. Estudos apontam diversas causas que contribuem para esse fato, tais como a pobreza, a exclusão social, as relações familiares problemáticas, o baixo desempenho escolar, o desemprego etc.

Na Fazenda do Amor Misericordioso, pude conhecer e defender na justiça criminal muitos dependentes químicos que já tinham cometido algum tipo de crime. Eles chegam maltrapilhos, desfigurados, vencidos pelas drogas, e são acolhidos com amor pelas pessoas que ali trabalham, sendo que algumas delas já passaram por essa terrível experiência.

Provenientes de lares destruídos, só conhecendo a linguagem do ódio e da violência, vivendo abaixo da linha da pobreza, esses jovens procuram ajuda para deixar as drogas e mudar de vida. O trabalho realizado na fazenda pretende salvar vidas da marginalização, da exclusão social, da criminalidade e da falta de perspectiva que tudo isso acarreta; almeja a libertação global do ser humano escravizado pelas drogas.

Para falar a verdade, foi naquele lugar que entrei em contato, pela primeira vez, com essa triste realidade. Nas conversas que tenho com eles durante o atendimento, fico sabendo o que fizeram antes de iniciarem o tratamento. São histórias cheias de sofrimento, que comovem e nos fazem pensar em nossa própria vida. Ouço tudo com atenção, sem cair na tentação de fazer qualquer julgamento sobre suas ações. Afinal de contas, não estou lá para julgá-los, mas para defendê-los nos processos criminais movidos contra eles.

Os dependentes químicos que ali se encontram precisam se livrar não só das drogas (álcool, maconha, crack, cocaína são as mais comuns), mas também dos diversos crimes que cometeram sob a influência dessas substâncias. Eles abrangem desde pequenos delitos, como furtos e danos, a práticas violentas, como roubo, homicídio e latrocínio.

Muitos já praticaram, em algum momento de sua vida, o tráfico de drogas, que está diretamente ligado ao consumo. Essa é uma atividade criminosa bastante comum e rentável que o dependente químico ou o simples usuário, principalmente aquele pertencente às camadas mais empobrecidas, procura exercer tanto para assegurar sua subsistência como para financiar o próprio uso.

Com efeito, o tráfico possibilita a aquisição dos recursos financeiros necessários para a manutenção da sobrevivência e do consumo de drogas, bem como oferece a possibilidade de status e de poder no meio social em que vivem. Isso explica a atração que essa prática exerce sobre a juventude pobre, excluída dos benefícios sociais e sem perspectiva, que vê no comércio ilegal um meio de ascensão social.

Henri Bergeron escreveu que

> Inúmeros estudos definem que certos toxicômanos ou usuários praticam atividades de tráfico com a finalidade de manter o consumo pessoal. Nos bairros pobres das grandes metrópoles, a entrada no mundo do tráfico possibilita o financiamento do uso e a obtenção dos meios para a própria subsistência dos produtos de consumo. Além disso, ela também é um meio de integração no interior de um universo organizado e hierarquizado, regulado por valores e códigos específicos, que oferece a possibilidade de conseguir status e chegar a posições sociais cobiçadas. A esperança de subir as escalas hierárquicas da distribuição de drogas cria veleidades de ascensão social que, ao se realizar, contribui para a formação de um sentimento de satisfação e prestígio (apud JOBARD; FILLIEEULE, 1999).

O autor está se referindo à realidade europeia, onde vem desenvolvendo pesquisas sobre o tema, mas suas conclusões, como é fácil observar, aplicam-se perfeitamente à nossa realidade brasileira e latino-americana. Ele afirma ainda que:

> [...] para certos indivíduos, o prazer e a euforia ligados ao consumo se tornam progressivamente secundários, de

modo que os benefícios (subjetivos, como também materiais) da vida no mundo do tráfico se afirmam como razões decisivas das decisões de continuação das práticas criminais (CASTEL, 1992). A participação na economia informal compreende, finalmente, uma dimensão simbólica essencial (DUPREZ; KORKOREFF, 1999), aspecto muitas vezes desconhecido (ou ignorado) pelos atores da política pública e pelo grande público (2012, pp. 85-86).

Assim, a necessidade de financiar o consumo pessoal e a chance de ascensão social numa sociedade capitalista que se caracteriza como materialista, consumista e excludente, levam muitos jovens a ingressarem, cada vez mais cedo, no submundo do tráfico de drogas. Nessa atividade, cujas relações e benefícios não conseguem deixar facilmente, poderão fazer carreira, ainda que por um breve espaço de tempo. Entretanto, eles sempre irão encontrar, como destino de quem escolhe esse modo de vida, a morte violenta ou a prisão.

As prisões encontram-se superlotadas de jovens pobres, drogados e criminosos que já não alimentam qualquer sonho ou esperança. Muitos deles são pequenos traficantes que engrossaram as fileiras do tráfico tão somente para atender às suas necessidades de sobrevivência e de consumo de drogas. No entanto, é sobre eles que o nosso sistema penal faz recair toda a sua força e violência, enquanto o grande traficante escapa quase sempre por meio da corrupção.

A atual Lei de Drogas, promulgada também para reduzir o encarceramento, só agravou a situação. Continuamos a jogar jovens pobres e negros – aqueles que têm a sorte de escapar com vida das operações policiais realizadas nas periferias – em cadeias superlotadas que não servem nem mesmo para animais. Como disse Roberto Lyra, "a prisão não serve, sequer, para bicho".

Nas prisões, dominadas por diversas facções criminosas que comandam a violência dentro e fora dos seus muros, esses jovens logo se integram a seus membros, especializando-se cada vez mais na criminalidade. Essa é uma velha crítica dirigida ao nosso sistema prisional, que hoje, diante do grande encarceramento verificado nas últimas décadas, adquire conotação de tragédia.

Diante do aumento do consumo de drogas em todas as classes sociais, precisamos cuidar da nossa juventude, seja evitando o encarceramento com suas conhecidas mazelas, seja oferecendo tratamento adequado para usuários e dependentes em todo o país. Prisão não é e nunca será solução para esse problema social. O cárcere só serve para aumentar a violência e aprofundar a desigualdade que coloca o Brasil entre os países mais injustos do mundo dito civilizado.

Do mesmo modo, precisamos lutar contra o extermínio de jovens negros e pobres noticiado diariamente pela mídia. São eles as verdadeiras vítimas do tráfico e da ação da polícia que mata impunemente. E é sobre eles que recaem as consequências do descaso governamental e da política desastrosa de guerra às drogas que tem dizimado milhares de vidas.

Estado e sociedade civil necessitam assumir sua responsabilidade nessa questão. As comunidades terapêuticas representam, sem dúvida alguma, uma boa iniciativa por parte da Igreja Católica e uma alternativa ao encarceramento. A sociedade tem sabido reconhecer e apoiar essas instituições que prestam relevantes serviços nessa área. Mas é preciso o envolvimento e a participação efetiva de todos nessa luta, para que juntos encontremos – com diálogo, compromisso e força de vontade – a melhor solução.

Nilo Batista faz a seguinte observação:

> Pessoas que realmente sejam viciadas em drogas – lícitas ou ilícitas – precisam de ajuda, e sua família, seus amigos, sua comunidade, seus colegas, seus companheiros de trabalho, grupos especialmente capacitados de pessoas que vivenciaram o mesmo problema, e até médicos, devem-lhe essa ajuda. O Estado pode fomentar os caminhos dessa assistência, mediante programas que facilitem recursos para sua execução. O sistema penal é absolutamente incapaz de qualquer intervenção positiva sobre o *viciado* (1990, p. 66).

A luta contra as drogas é a luta pela vida e deve contar com a colaboração da sociedade. É um fenômeno que afeta todas as camadas sociais, principalmente os jovens que estão consumindo cada vez mais cedo essas substâncias. Dependentes químicos, ricos ou pobres, são pessoas doentes que precisam de ajuda e de tratamento especializado. Não podemos negar-lhes esse auxílio, se quisermos realmente transformar a realidade em que vivemos.

Segundo o Evangelho de Mateus, Jesus falou que devemos reconhecê-lo no rosto do faminto, do sedento, do descamisado, do estrangeiro, do preso, do doente, e ajudá-los em suas necessidades: "Toda vez que fizestes isso a um desses meus irmãos menores, a mim o fizestes" (Mt 25,35-40).

A SOCIEDADE PUNITIVA

Vivemos tempos difíceis e de grande incerteza quanto ao futuro, visto que o punitivismo, cuja face mais visível e cruel é o linchamento público, toma conta da sociedade, alimentando o ciclo da violência. Percebe-se um gozo coletivo diante da prisão de alguém acusado de corrupção ou da execução de algum suposto assassino, assaltante ou estuprador. Essa sanha punitiva estimulada pela mídia costuma promover nas ruas um triste espetáculo de injustiça e de barbárie.

Em 2014, na cidade de Guarujá/SP, a dona de casa Fabiane Maria de Jesus, de 33 anos, acabou sendo assassinada por um grupo que a confundiu com uma sequestradora de crianças, a partir de uma foto publicada na internet. Como logo se descobriu, ela era inocente. No ano seguinte, em São Luís/MA, depois de tentar assaltar um bar, Cledenilson Pereira da Silva, de 29 anos, foi amarrado sem roupa a um poste e espancado até a morte. Em ambos os casos, os vídeos da violência sem limites se espalharam rapidamente nas redes sociais, sendo vistos por inúmeras pessoas em todo o país, motivando comentários e declarações de apoio que certamente incentivam esse tipo de comportamento.

Recordo ainda outro caso que aconteceu na pequena cidade de Pedro do Rosário, no interior do Maranhão, em 2012. Dois irmãos acusados de latrocínio foram presos e levados para a delegacia de polícia. Revoltados com o crime, moradores quebraram a parede da cela, retiraram os jovens que estavam algemados e, num espetáculo brutal e digno dos piores filmes de terror, mataram eles a pauladas, pedradas e golpes de faca. Os poucos policiais que estavam no local não puderam conter a multidão enfurecida. Toda a violência dos agressores foi registrada em vídeo. Algumas pessoas foram presas e denunciadas pelo crime, mas tiveram suas prisões revogadas e aguardam julgamento.

Como se pode ver a partir desses exemplos que se repetem pelo Brasil afora, o linchamento público sempre excede o crime cometido, assim como pode estar punindo um ser humano inocente. Isso sem falar que se trata de uma execução sumária praticada sem que tenha sido assegurado ao acusado o direito a um julgamento justo, conforme as leis vigentes no país. De qualquer modo, fazer justiça com as próprias mãos constitui atitude inaceitável, seja qual for a situação.

Agostinho Ramalho Marques Neto, professor de Filosofia do Direito, esclarece que no linchamento público "o que se tem não é propriamente um julgamento prévio, mas sim uma condenação prévia sem julgamento (em todos os sentidos da palavra julgamento)". Com efeito, o linchamento significa a negação do direito que toda pessoa tem de ser julgada pelo crime da qual está sendo acusada e de provar sua inocência, se for o caso, o que é uma conquista da civilização.

O Evangelho de João narra a história da mulher surpreendida em flagrante adultério. Ela foi levada ao templo pelos escribas e fariseus que alegavam que a Lei de Moisés mandava apedrejar tais mulheres. Então Jesus lhes disse: "Aquele dentre vós que for sem pecado seja o primeiro a lhe atirar uma pedra". O evangelista nos conta que diante dessas palavras os acusadores "foram saindo, um após o outro, a começar pelos mais velhos, e deixaram-no só com a mulher que estava no meio" (Jo 8,1-11). Assim, ela foi salva da sanha punitiva daqueles que desejavam transformá-la em bode expiatório dos seus próprios pecados.

O clamor punitivo que constatamos na atualidade, em grande medida incentivado pelos meios de comunicação, que escolhem certos bodes expiatórios e os oferecem à população revoltada com o aumento da criminalidade, tem resultado frequentemente em atos de violência que se espalham por todo o Brasil. A punição (legal ou ilegal), então, acontece a partir da concepção do crime como um ataque à sociedade e do criminoso como um inimigo social que precisa ser combatido e até mesmo eliminado.

Como observa ainda Agostinho Marques,

> Esse clamor punitivo exerce a função de uma catarse coletiva, exatamente nos moldes do que acontecia no direito

arcaico, anterior à concepção moderna de individualização da pena, quando o crime era concebido como uma mácula, uma nódoa que se abatia sobre toda a sociedade, e a punição, recaísse ou não diretamente sobre a pessoa do "autor", tinha o sentido de uma purificação coletiva.

Podemos observar isso também em instituições como ministério público e magistratura, cujos membros, esquecendo seus verdadeiros papéis na sociedade, deixam-se influenciar pela opinião pública (ou publicada) e engrossam as fileiras do punitivismo. Assim o fazem na crença ingênua, pueril, de que estão combatendo a criminalidade e salvando o país, mesmo quando os resultados de suas ações, que violam os direitos fundamentais da pessoa humana em nome da segurança pública, mostram exatamente o contrário de suas "boas" intenções.

Exemplo disso foi o julgamento do Supremo Tribunal Federal, que violou o princípio da presunção de inocência previsto no artigo 5º, inciso LVII, da Constituição Federal. Segundo esse dispositivo, "ninguém será considerado culpado antes de sentença penal condenatória transitada em julgado". Sentença transitada em julgado é aquela na qual já não cabe recurso algum. De forma surpreendente, os ministros decidiram, por 6 votos a 5, que a pessoa pode ser presa após condenação em segunda instância, mesmo havendo possibilidade de recurso para os tribunais superiores.

Essa decisão foi considerada absurda e autoritária pelo ministro Celso de Mello, que no seu voto indagou:

Quantos valores essenciais consagrados pelo estatuto constitucional que nos rege precisarão ser negados para que prevaleçam razões fundadas no clamor público e em inescondível pragmatismo de ordem penal?

Ele afirmou, naquela oportunidade, que

> É preciso repelir a tentação autoritária de presumir-se provada qualquer acusação criminal e de tratar como se culpado fosse aquele em favor de quem milita a presunção constitucional de inocência.

Ao permitir a execução antecipada da pena, o STF negou o direito fundamental de qualquer cidadão de ser presumido inocente até sentença penal condenatória irrecorrível. Esse entendimento implica regressão no que diz respeito à proteção dos direitos fundamentais no Brasil. Significa também a prevalência do pensamento punitivista no âmbito da nossa justiça criminal e o consequente fortalecimento da prisão como resposta penal em pleno século XXI.

A sociedade punitiva tem no sistema prisional, com suas conhecidas precariedades, o principal aspecto da punição dos criminosos. Aliás, a paixão pela prisão, mais do que a crença nessa instituição, é o que caracteriza o discurso dos punitivistas. Isso explica o gozo coletivo diante da prisão de políticos e empresários acusados de corrupção e outros crimes. O clamor punitivo que se ergue no meio social não aceita outra forma de resposta que não seja a pena privativa de liberdade. Esta é compreendida e executada apenas como castigo ou retribuição pelo mal cometido, ou seja, como puro instrumento de vingança coletiva, sem qualquer preocupação com a prevenção do crime e o tratamento do criminoso.

A prisão se tornou, ao longo dos anos, o símbolo maior da justiça criminal, no qual muitos depositam suas esperanças e seus desejos de vingança. Como na mencionada passagem bíblica, elegemos bodes expiatórios e os jogamos na prisão para saciar nossa sede de punição e expiar nossos próprios pecados. Não nos damos conta de que estamos presos no egoísmo, no ódio, na falta de solidariedade que nos impedem de enxergar caminhos e de apontar soluções para os problemas. A maioria de nós vive em prisões sem grades, sem sequer desconfiar dessa triste condição.

Estamos acostumados a condenar, antes de qualquer julgamento, quem praticou um crime, assim como criticamos quem comete erros sem atentar para nossos próprios erros. Diante de delitos graves, não são poucas as pessoas que exigem a execução sumária de alguém que pode ser inocente. Muitos acusadores se dizem cristãos, e até vão para a igreja aos domingos, porém, nada aprenderam com o gesto e as palavras de Jesus ao salvar aquela mulher de ser apedrejada. Como juízes implacáveis e hipócritas, proferem sentenças condenatórias com a mesma facilidade com que pregam o amor ao próximo.

Em um mundo dominado pelo ódio de muitos e pela boa vontade de poucos, precisamos de mais tolerância e compreensão para fazer surgir uma nova convivência entre homens e mulheres. Essas duas atitudes enriquecem nossas vidas e abrem para nós o campo das possibilidades humanas, que são infinitas. Por isso, é necessário colocá-las em prática, na nossa vida diária e comunitária, nas relações que estabelecemos no decorrer da existência. O filósofo francês Edgar Morin escreveu que

A compreensão não desculpa nem acusa: pede que se evite a condenação peremptória, irremediável, como se nós mesmos nunca tivéssemos conhecido a fraqueza, nem cometido erros. Se soubermos compreender antes de condenar, estaremos no caminho da humanização das relações humanas (2011, p. 87).

Fazer justiça com as próprias mãos nada mais é que praticar a vingança. É um ato de violência que tende a exceder a própria violência que se quer punir. Por isso, o linchamento público consiste sempre na negação da justiça para com aqueles que elegemos como bodes expiatórios de nossas próprias culpas. Não passa de um assassinato cruel e covarde. Foi o que aconteceu com Fabiane e Cledenilson que, num determinado dia, tiveram a infelicidade de atravessar o caminho dos justiceiros de plantão que estão sempre à espera da próxima vítima, seja ela culpada ou inocente, isso pouco importa.

O linchamento é uma festa de barbárie, na qual celebramos, com gritos e expressões de puro gozo, a morte brutal de um ser humano. Aliás, a vingança é sempre uma festa para a qual não faltam convidados prontos a fazer parte dela.

Como escreveu Friedrich Nietzsche,

> Ver sofrer alegra; fazer sofrer alegra mais ainda; [...] Sem crueldade não há gozo, eis o que nos ensina a mais antiga e remota história do homem; o castigo é também uma festa (2013, p. 65).

Nessa festa, os linchadores são os "bons" que querem punir os "maus", cometendo um crime pior que aquele atribuído a quem já foi acusado, julgado e condenado pela multidão. Isso mostra que o desejo de vingança não conhece reflexão ou limite, sobretudo quando é praticada em praça pública, à vista de todos e sem a interferência de ninguém. Os agressores acreditam ou querem acreditar que a verdade e a justiça estão do lado deles e ninguém conseguirá convencê-los do contrário.

"Mas como quem comete o crime do linchamento pode se sentir superior ao criminoso hediondo?", indaga Marcia Tiburi. Ela afirma que

> O linchador pratica contra a vítima a culpa da qual ele mesmo é o portador. Culpa da qual ele pensa livrar-se no ato de espancar até a morte. O processo é de inversão. O linchador expurga o próprio ódio jogando-o para cima de um desconhecido indefeso. O criminoso é o outro, então ele é imediatamente punido. O outro que o paranoico odeia é que deve expiar o seu crime (TIBURI, 2017, p. 80).

Acredito que o melhor e único caminho para rompermos o ciclo da violência é responder ao mal com o bem. A propósito, convém lembrar o ensinamento de São Paulo na Carta aos Romanos: "a ninguém pagueis o mal com mal, tende em mente fazer o bem diante de todas as pessoas" (Rm 12,17). Palavras que devemos gravar definitivamente no coração para que possamos nos tornar verdadeiramente humanos, apesar das forças que nos movem para um passado primitivo.

As misérias da prisão

Nas últimas décadas do século XX, a população carcerária cresceu muito no Brasil e também no mundo. Dados do Ministério da Justiça revelam que o número de pessoas presas no Brasil aumentou mais de 400% em 20 anos. Esse crescimento mostra que a prisão, antes desacreditada a ponto de se prever sua abolição, ressurgiu com toda a força na sociedade contemporânea, produzindo o fenômeno do encarceramento em massa.

De acordo com o Levantamento Nacional de Informações Penitenciárias (Infopen), divulgado pelo Ministério da Justiça em 2017, a população carcerária brasileira, em junho de 2016, atingiu o total de 726.712 mil presos, que ocupam 368.049 mil vagas, praticamente dois para cada uma. Desse total, 40% são provisórios, isto é, ainda não foram julgados. Esses dados colocam o país na terceira posição mundial em número de presos, atrás apenas dos Estados Unidos e da China. O estudo revelou ainda que 64% dos presos são negros.

Esses números colocam em cheque a afirmação repetida por muitos penalistas, segundo a qual a história da prisão é a história da sua abolição. Na verdade, a abolição da prisão parece algo cada vez mais distante, não obstante a crise do sistema prisional apontada por estudiosos e constatada através dos meios de comunicação. Presenciamos, há muito tempo, um encarceramento em massa que atinge principalmente a população negra e pobre deste país.

Ao longo dos anos, a prisão revelou-se totalmente incapaz de cumprir seus objetivos declarados de prevenção do crime e de ressocialização do delinquente. O efeito preventivo do cárcere e a decantada ressocialização do preso jamais se realizaram. Esses são alguns dos mitos criados para legitimar a existência das prisões e o confinamento de uma determinada camada social, mas que não resistem a uma análise superficial de seu funcionamento.

Na realidade brasileira e latino-americana, os sistemas prisionais constituem fatores de criminalidade, na medida em que atuam de modo contrário aos parâmetros normativos que disciplinam seu funcionamento. A Lei de Execução Penal (Lei n. 7.210/1984) jamais foi aplicada integralmente no Brasil, sobretudo no que se refere aos direitos dos presos e condições das prisões. Resulta daí o alto índice de violência e de reincidência.

Roberto Lyra, grande penalista e criminólogo brasileiro, no seu livro *Penitência de um penitenciarista*, escreveu que

> Seja qual for o fim atribuído à pena, a prisão é contraproducente. Nem intimida, nem regenera. Embrutece e perverte. Insensibiliza ou revolta. Descaracteriza e desambienta. Priva de funções. Inverte a natureza. Gera cínicos ou hipócritas (2013, p. 64).

As condições precárias e desumanas das prisões contribuem para esse estado de crise. O sistema carcerário caracteriza-se como violento, seletivo e estigmatizante, possuindo como clientela as camadas menos favorecidas da sociedade. Assim, constata-se o encarceramento massivo da população pobre e negra que mora nas periferias.

Na verdade, a prisão aumenta a violência, ao invés de reduzi-la. Nos presídios superlotados, tornaram-se comuns denúncias de maus-tratos, torturas e homicídios. Entretanto, ninguém até agora foi punido por esses crimes. As rebeliões que explodem de tempos em tempos nos diversos cantos do país revelam a catástrofe do nosso sistema prisional.

Como se não bastasse a violência que ocorre diariamente nas prisões, os meios de comunicação divulgam, com frequência, ações de bandidos, como roubos, assassinatos e incêndios a ônibus, comandados de dentro dos presídios, nos quais as diversas facções criminosas disputam poder. Em 2016, vários ataques a ônibus foram registrados em São Luís/MA, após a ordem ter sido dada por detentos do Complexo Penitenciário de Pedrinhas.

Há muito tempo se tem notícia de que o ambiente degradante do cárcere não ressocializa nem recupera ninguém. Pelo contrário, muitos presos saem pior do que entraram. Fala-se até mesmo na existência de uma subcultura dos internos e na vigência de um código de ética próprio.

Michel Foucault observou que

Desde 1820 se constata que a prisão, longe de transformar os criminosos em gente honesta, serve apenas para fabricar novos criminosos ou para afundá-los ainda mais na criminalidade (2015, p. 216).

No entanto, continuamos prendendo pessoas com o mesmo discurso de prevenção e ressocialização. Nas universidades, professores convictos ainda ensinam, contra todas as evidências, que são essas as finalidades da pena privativa de liberdade. O discurso jurídico-penal cumpre, assim, a função ideológica de ocultar a realidade do sistema prisional brasileiro. Uma simples visita à prisão bastaria para contradizê-lo e imprimir na alma dos alunos a marca de uma experiência que jamais se apagará.

Com efeito, basta entrar numa prisão para constatar a forma desumana como tratamos as pessoas que ali se encontram. Condenamos seus crimes e sua crueldade, mas a elas dispensamos tratamento igualmente cruel, violento, à margem da lei. Com isso nos diminuímos como seres humanos, nós que nos julgamos civilizados e superiores, e contribuímos para o aumento da violência.

Não podemos jamais esquecer as palavras de Francesco Carnelutti

Precisa ter vivido esta experiência para entender que o nosso comportamento frente aos condenados é a indicação mais segura da nossa civilidade (2015, p. 76).

Diante do aumento da criminalidade violenta que a todos aterroriza, a sociedade não sabe o que fazer com o criminoso. Ela não quer assumir a responsabilidade que lhe cabe pelo crime cometido e pela pessoa que o cometeu. Prefere jogar o criminoso numa masmorra imunda que não recupera ninguém, apenas para ter a falsa ilusão de que traz segurança. Recusamo-nos a aceitar que somos todos responsáveis e que não se faz justiça através de vingança.

O Relatório da Anistia Internacional coloca o Brasil entre os países mais violentos do mundo. São pelo menos 130 homicídios cometidos por dia. O documento aponta, como principais fatores da crise: a violência policial, os registros de tortura e a falência do nosso sistema prisional. A reincidência e as condições desumanas das unidades prisionais também são fatores preocupantes. Segundo a AI, 7 em cada 10 presos voltam a praticar crimes.

Esse alto índice de reincidência não constitui nenhuma novidade para aqueles que conhecem as precárias condições do sistema prisional. Ele demonstra sua ineficácia, assim como o mito da ressocialização do condenado. Num estranho paradoxo, pretendemos reeducar ou ressocializar o indivíduo retirando-o da sociedade e jogando-o numa masmorra imunda que não serve nem mesmo para animais.

O penalista brasileiro Cezar Roberto Bitencourt disse a respeito:

Como se percebe, há um grande questionamento em torno da pena privativa de liberdade, e se tem dito reiteradamente que o problema da prisão é a própria prisão. Aqui, como em outros países, avilta, desmoraliza, denigre e embrutece o apenado (2011, p. 26).

É preciso compreender que a prisão jamais cumpriu, e pelo visto jamais cumprirá, seus fins de prevenção do crime e de ressocialização do criminoso, servindo apenas como instrumento de castigo e fator criminógeno. Além de não recuperar o encarcerado, que nesse ambiente encontra todas as condições para se especializar cada vez mais na criminalidade, contribui para o agravamento da violência.

Cumpre ressaltar ainda que, conforme estabelece o artigo 5º, inciso XLV, da Constituição Federal, "Nenhuma pena passará da pessoa do condenado". Isso significa que ninguém poderá ser punido por um delito cometido por outra pessoa. Entretanto, o que vemos na realidade é que a pena privativa de liberdade atinge não só o condenado, mas também sua família, que acaba sofrendo as consequências sociais e econômicas do encarceramento.

A Pastoral Carcerária afirma que

> Parte integrante desse sistema são a luta e o sofrimento dos familiares da pessoa presa. A criminalização, o preconceito e a marginalização sofridos pelo encarcerado se estendem à sua família, atingindo seu cotidiano social e econômico. O cárcere, além de desumanizar a pessoa presa, desestrutura e desestabiliza famílias e comunidades (2014, p. 12).

Nesse sentido, observa Alberto Zacharias Toron que

Os filhos e as mulheres dos presos também não escapam da degradação. Não é que sofram apenas por tabela. Sofrem nas longas filas de espera dos presídios, que nos dias de visita formam-se ainda de madrugada. Mulheres e crianças também sofrem com as revistas humilhantes (SZAFIR, 2010, p. 7).

É fácil verificar que a atual situação das prisões não oferece qualquer perspectiva de redução da violência dentro e fora do sistema prisional. Enquanto não compreendermos que os presos são seres humanos, portanto sujeitos de direitos, e proporcionarmos a eles tratamento adequado, de acordo com a lei, estaremos agindo como insensatos que estimulam a violência que se pretende combater.

Como no mito de Sísifo, que é condenado para sempre a empurrar uma pedra até o cume de um monte e que logo tornava a cair, estaremos apenas alimentando o ciclo da violência que ameaça nossa própria sobrevivência. Só poderemos transformar a sociedade na qual vivemos quando voltarmos os olhos para a realidade dos cárceres e dos encarcerados.

A prisão é uma fábrica de dor e de violência sustentada pelo punitivismo irracional. Na entrada de cada presídio, deveria estar fixada, como na porta do inferno de *A Divina Comédia*, de Dante Alighieri, a seguinte inscrição: "Abandonai toda esperança, vós que entrais".

UM MUNDO SEM PRISÕES

Lembro-me da primeira vez em que, na faculdade de Direito, ouvi falar em abolição da prisão. Naquele momento, eu não conseguia imaginar como isso um dia poderia acontecer, muito menos o que iríamos fazer com os criminosos, sobretudo com aqueles mais perigosos. Muitos estudiosos, pretendendo justificar a existência e o funcionamento da prisão, costumam afirmar que ela é um mal necessário. Cezar Roberto Bitencourt escreveu que a prisão é "uma exigência amarga, mas imprescindível". Segundo ele,

> A prisão é concebida modernamente como um mal necessário, sem esquecer que guarda em sua essência contradições insolúveis (2011, p. 25).

Diante de afirmativas como essas, eu sempre me perguntei: Se a prisão é um mal, por que ela é necessária?

Em primeiro lugar, não sabemos o que fazer com os criminosos considerados perigosos (sem mencionar o fato de que há mais perigosos em liberdade). Em segundo, a prisão se transformou numa autêntica questão de fé. Isso explica por que, apesar das suas "contradições insolúveis", muitos a veem como um mal necessário, do qual não podemos abrir mão.

Esse modo de pensar impede que encontremos alternativas, embora existam as denominadas penas alternativas que, no entanto, não diminuíram os elevadíssimos índices de aprisionamento verificados no país. Estamos presos à ideia de que a prisão é necessária e sem ela não estaremos seguros. Não queremos enxergar que ela também é causa da violência e da sensação de insegurança que aflige a população.

Como adverte Edgar Morin,

> Lembremo-nos de que a possessão por uma ideia, uma fé, que dá a convicção absoluta de sua verdade, aniquila qualquer possibilidade de compreensão de outra ideia, de outra fé, de outra pessoa (2011, p. 86).

Acreditamos que só a prisão é capaz de combater a criminalidade e evitar a barbárie. Essa é a nossa crença, a nossa profissão de fé, da qual não queremos abrir mão. Nem mesmo diante da realidade do sistema carcerário e dos altos índices de reincidência, ou seja, nem mesmo diante dessas "insolúveis contradições", abandonamos essa fé que nos move a continuar construindo cada vez mais presídios.

Sobre essas contradições, vale a pena ler o testemunho daqueles que conhecem de perto a situação das prisões:

Drogas, crimes e prisões

O desrespeito à dignidade humana promovido pelo sistema carcerário brasileiro é alarmante e vergonhoso; é violência contra a vida de mulheres e homens; tendo como motivação e espiritualidade o Evangelho de Jesus (destacadamente Lc 4,18-19), a Pastoral Carcerária entende que nenhuma forma de prisão promove o ser humano ou reconcilia as pessoas e as comunidades. Ao contrário, o encarceramento e as prisões aprofundam dramaticamente as hostilidades, o ódio, a vingança, a marginalização, os privilégios de alguns poucos e as violências (PASTORAL CARCERÁRIA, 2014, p. 29).

Diante dessa realidade, muitos são aqueles que defendem a humanização das prisões e sua substituição, sempre que possível, por penas ou medidas cautelares alternativas. Propõe-se que a pena privativa de liberdade se limite aos casos de comprovada necessidade, aos condenados perigosos e de difícil recuperação. Entretanto, as denominadas penas alternativas, previstas na Lei n. 9.714/1998, bem como as medidas cautelares alternativas à prisão, instituídas pela Lei n. 12.403/2011, não diminuíram os altos indicadores de encarceramento, muito menos reduziram os danos sociais provocados pelo sistema prisional.

Como se costuma dizer, o problema da prisão é a própria prisão com suas conhecidas precariedades, porém ela é aceita como indispensável na esperança de que assim possamos viver tranquilos. Pouco importa se a violência que faz parte da sua realidade cotidiana seja reproduzida, em grau máximo, do lado de fora, como a demonstrar que, apesar das nossas ilusões de um mundo seguro apenas para alguns, não estamos imunes às suas graves consequências.

Estudo realizado por Yolanda Catão e Elisabeth Sussekind, no ano de 1977, sobre a situação dos presos da cidade do Rio de Janeiro, revelou que

> A quase totalidade da população carcerária brasileira é composta de pessoas oriundas das camadas sociais de baixa renda (1980, p. 54).

De lá para cá nada mudou, a não ser o aumento significativo do número de presos, que decorre do Estado Penal implantado no Brasil, da política de guerra às drogas e da crença ilusória na prisão como solução para a criminalidade.

No que se refere aos direitos dos presos, a situação também não se modificou. Eles continuam sendo vistos e tratados como objetos e não como seres humanos. Segundo as autoras mencionadas anteriormente,

> A situação dos direitos humanos no que se refere a presos comuns é bastante dramática. O panorama que se apresenta reflete o descaso com que as autoridades e a sociedade tratam as pessoas provenientes das camadas inferiores (ibid., p. 54).

Como se pode ver, suas conclusões permanecem atuais, apesar do estudo ter sido publicado antes da entrada em vigor da Lei de Execução Penal, que disciplina o cumprimento da pena privativa de liberdade e estabelece os direitos e deveres dos presos. No entanto, tudo acontece ainda como se eles fossem meros objetos da ação punitiva do Estado, e não sujeitos de direitos que devem ser assegurados e respeitados.

Após ter perdido todas as minhas ilusões quanto ao papel da prisão na sociedade, posso afirmar que devemos lutar pelo fim dessa instituição que tanto mal tem causado à humanidade. Diante das contradições e misérias do nosso sistema prisional, que constituem fator indiscutível de criminalidade e entravam o nosso processo civilizatório, só nos resta admitir que a humanidade pode realmente prescindir desse mal.

A Exposição de Motivos da Parte Geral do Código Penal Brasileiro, estabelecida pela Lei n. 7.209/1984, reconheceu expressamente o efeito criminógeno da prisão nos seguintes termos:

> Uma política criminal orientada no sentido de proteger a sociedade terá de restringir a pena privativa de liberdade aos casos de reconhecida necessidade, como meio eficaz de impedir a ação criminógena cada vez maior do cárcere [...].

Não obstante essa valiosa recomendação, que anda completamente esquecida pelos juízes e legisladores, nada foi feito nesse sentido, de modo que temos que conviver com o encarceramento massivo de pobres, negros e favelados e, também, o consequente aumento da criminalidade.

Alguns dirão, ao lerem estas páginas escritas após longo período de reflexão e de vivência com essa realidade, que sou idealista ou ingênuo. Mas minha fé em Deus e minha esperança no seu Reino de Amor e de Vida, que está bem próximo de nós, não me permitem mais aceitar a existência da prisão como prevenção ou castigo. A meu ver, nada justifica o encarceramento perverso e seletivo de seres humanos que escolhemos como bodes expiatórios de nossas próprias culpas.

Repito aqui as palavras de Roberto Lyra, que, num dia já distante da minha juventude, quando iniciava meus estudos de Direito Penal na universidade, abriu-me os olhos definitivamente para os males da prisão:

A prisão visa a prevenir e a reprimir crimes. Ora, a prisão é causa de crimes. Logo, a prisão é contraproducente. Por que conservar como efeito o que é causa, sem, sequer, tentar recursos novos – real e não aparentemente – na exata medida das necessidades? Fechar prisão é, especificamente, obra cirúrgica de prevenção criminal. Os crimes resultantes da pena são maiores e piores do que os mais graves crimes (2013, p. 76).

A prisão apaga a última chama de amor e de esperança no coração do homem e destrói o que nele ainda resta da sua humanidade. Por outro lado, revela a nossa completa incapacidade de resolver, com o uso da razão, o problema da violência que nos atinge cotidianamente. Enquanto houver prisões no mundo, não se poderá falar em civilização.

Hoje acredito que um mundo sem cárceres é perfeitamente possível e necessário para que haja uma nova convivência entre as pessoas. Nenhum mal é necessário quando o que se pretende é a instalação definitiva, entre nós, do Reino de Deus que significa vida, liberdade, justiça e paz para todos os homens e todas as mulheres.

A Pastoral Carcerária, que realiza um trabalho admirável na luta por um mundo sem prisões, afirma que

> Uma sociedade efetivamente fraterna e justa passa, essencialmente, pela eliminação de toda e qualquer forma de cárcere (2014, p. 29).

O REFUGO HUMANO

O sociólogo polonês Zygmunt Bauman afirmou que nosso planeta passa por uma crise aguda da indústria de remoção do refugo humano. Segundo ele,

> Enquanto a produção de refugo humano prossegue inquebrantável e atinge novos ápices, o planeta passa rapidamente a precisar de locais de despejo e de ferramentas para a reciclagem do lixo (2005, p. 13).

As prisões cumprem perfeitamente esse papel de local de despejo das sobras humanas, daqueles que são jogados fora do sistema, descartados porque não estudam, não trabalham e, portanto, não podem consumir aquilo que é oferecido como o último produto do mercado e apresentado como o segredo da felicidade. Eles não estão aptos a fazer parte da civilização cuja opulência e sobrevivência colocam em risco com sua presença ou existência miserável.

A sociedade capitalista, que todos os dias joga na lata de lixo quantidades inimagináveis de alimentos, exclui os pobres e marginalizados atirando-os num cárcere imundo que não recupera ninguém, muito menos reduz a violência, apenas alimenta nossa sede de vingança e afasta do convívio social aquelas pessoas consideradas perigosas e indesejáveis. Serve, assim, como um implacável instrumento de exclusão, punição e controle dos menos favorecidos do sistema.

David Garland afirma que as prisões atualmente são "concebidas de modo muito mais explícito como um mecanismo de exclusão e controle". Ele também diz que

> A prisão hoje é usada como um tipo de reserva, uma zona de quarentena em que indivíduos supostamente perigosos são segregados em nome da segurança pública (apud BAUMAN, 2005, p. 108-109).

A política de criminalização e encarceramento da pobreza adotada no Brasil tem como objetivo não declarado a segregação de grande parte da população em cárceres que se apresentam como depósitos de lixo. Nesses ambientes deteriorados, onde os presos se encontram sujeitos a todo tipo de torturas, maus-tratos e humilhações, torna-se cada vez mais difícil o retorno à sociedade porque serão sempre vistos como uma ameaça.

Com o falso argumento de ressocialização, o sistema penal retira o indivíduo do meio social para readaptá-lo a esse mesmo meio. Na realidade, o condenado acaba se adaptando ao cárcere e pode retornar em pouco tempo. O alto índice de reincidência verificado em todo o país demonstra o engodo do discurso oficial.

Como afirmou Louk Hulsman, professor de Direito Penal da Universidade de Louvain,

O sistema penal endurece o condenado, jogando-o contra a "ordem social" na qual se pretende reintroduzi-lo (1993, p. 72).

De fato, constitui uma contradição pretender ressocializar o condenado afastando-o da sociedade e jogando-o numa prisão imunda, superlotada e violenta, onde ele se aprofundará na criminalidade, na subcultura das prisões, e aprenderá formas mais graves de lesar a sociedade que o excluiu e o encarcerou. Além do mais, para que se cumprisse de maneira eficaz o objetivo de ressocialização, seria necessário um padrão de normalidade social que não existe em hipótese alguma.

Zygmunt Bauman escreveu também:

> De forma explícita, o principal e talvez único propósito das prisões não é ser apenas um depósito de lixo qualquer, mas o depósito final, definitivo. Uma vez rejeitado, sempre rejeitado. Para um ex-presidiário sob condicional ou *sursis*, retornar à sociedade é quase impossível, mas é quase certo retornar à prisão. Em vez de orientar e facilitar o caminho "de volta à comunidade" para presidiários que cumpriram sua pena, a função dos agentes de condicional é manter a comunidade a salvo do perigo perpétuo temporariamente à solta (ibid., p. 108).

O encarceramento em massa, responsável pela superlotação dos presídios e pelas rebeliões que frequentemente acontecem, tem como objetivo não declarado excluir os indesejáveis sob o discurso de guerra às drogas. Essa política produz e reproduz a violência ante a insensibilidade e o descaso das autoridades públicas e da sociedade civil. E nada indica que a situação vá se modificar tão cedo no país.

As medidas de política criminal têm se resumido a aumento de penas para os crimes já existentes, criminalização de novas condutas e construção de novos presídios. Basta a ocorrência de um crime grave que comova a opinião pública ou de uma rebelião violenta de presos para que novos personagens surjam com velhas soluções apresentadas como novas. Esse conhecido receituário, no entanto, serve apenas como uma forma de dar satisfação à população e à mídia e, no final, fica tudo como está. São remédios que já não fazem qualquer efeito numa sociedade doente que se recusa a investigar e a combater as causas da sua enfermidade.

Sem qualquer ideia sobre o que fazer com o refugo humano que se acumula pelas ruas das nossas cidades, aceitamos essas soluções fáceis que não têm eficácia alguma. Há muito sabemos que a prisão não passa de um enorme depósito de lixo sem reciclagem. Contudo, insistimos no seu funcionamento, sem dar ouvidos para aquilo que nos revelam as pesquisas e a realidade: a prisão não passa de um instrumento de dor, violência e morte. E reproduz tudo isso em grau máximo no meio social onde está inserida.

No Estado Penal que se implantou no Brasil, a sociedade punitiva exige que sejam criados mais crimes e mais presídios. Pouco importa se não há depósitos de lixo suficientes para o refugo humano que sofre as consequências dessa irrefreável sanha punitiva – pobres e negros. O que importa é a satisfação não só do poder de punir, mas do desejo de punir o outro, aquele que não está ligado a nós por laços de amizade ou de parentesco e que, na nossa pobre visão de julgador, merece o castigo porque é o lixo ou a escória da sociedade. Não é por acaso que essas palavras são tão utilizadas hoje em dia nas redes sociais.

Recordo-me, a propósito, da advertência de Maria Lúcia Karam, juíza criminal aposentada do Rio de Janeiro:

> Movidos por seus cegos anseios de segurança, são muitos os que aprovam e aplaudem a ampliação do poder punitivo. Não percebem que, quando o poder punitivo se amplia, também se ampliam a violência, a irracionalidade, os danos e as dores inerentes ao sistema penal (*in* BATISTA e KOSOVSKI, 2012, p. 88).

DEFENDENDO OS POBRES

No ano de 2014, logo após conhecer a Fazenda do Amor Misericordioso, centro de amparo e de tratamento da Igreja Católica, iniciei um trabalho voluntário, como advogado criminal, na defesa dos dependentes químicos. Muitos jovens que ali se encontram respondem a processos por crimes cometidos sob a influência das drogas, mas não podem pagar pelos serviços de um profissional.

Por causa desses delitos, eles já estiveram na prisão e não querem passar novamente por essa experiência. No entanto, para que isso não volte a acontecer, precisam se livrar das drogas, mas também dos processos criminais movidos contra eles. Crimes como furto, roubo, homicídio, latrocínio e tráfico de drogas são os mais frequentes.

Assumi a defesa deles na justiça criminal, certo de que assim estaria contribuindo para o projeto de libertação que se realiza naquele lugar. Para isso, foi preciso antes compreender que não sou, de modo algum, superior a eles. Essa é uma verdade que muitos se recusam a aceitar, mas que nos pode libertar das nossas ilusões. Como disse Jesus, "Conhecereis a verdade, e a verdade vos libertará" (Jo 8,32).

A propósito, vale lembrar também as palavras de Francesco Carnelutti, segundo o qual o delinquente nada mais é que

> O homem, como eu, com o seu mal e com o seu bem, com as suas sombras e com as suas luzes, com a sua incomparável riqueza e a sua espantosa miséria (2015, p. 20).

Nesse trabalho desafiador, tenho procurado, da melhor forma possível, defendê-los. Contudo, não é nada fácil fazer a defesa de réus pobres diante de juízes que desconhecem a realidade social e as raízes da violência. Assim como desconhecem o complexo fenômeno da dependência química que está associado à criminalidade.

Tudo acontece hoje como num passado longínquo e sombrio não abandonado totalmente pela civilização. O pobre, o miserável, continua sendo simples objeto do processo, a quem devem ser negados a condição de pessoa humana e os sacratíssimos direitos atribuídos a todos, mas gozados somente pelos mais favorecidos.

O advogado criminal Técio Lins e Silva aborda o assunto da seguinte forma:

> Não existe nada mais difícil na advocacia criminal do que defender um acusado pobre, processado por crime contra o patrimônio. Ele vai ser condenado na certa. O Código de Processo Penal de um pobre, negro, acusado de roubo é diferente do Código de Processo Penal de um rico, acusado de crimes do colarinho branco. O que vale para um rico, em termos de respeito aos direitos, não vale para o pobre. É um

verdadeiro linchamento que se pratica. Os pobres sofrem todos os preconceitos na justiça criminal (2005, p. 60).

Quando se trata de dependente químico que cometeu algum crime, ele é duplamente discriminado num processo criminal: pela sua condição de dependente, sobre quem recai o peso do preconceito, da discriminação e da ignorância que cercam a doença da qual é apenas uma vítima; por ser pobre num país de extrema desigualdade social e não ter condições financeiras para contratar um advogado da sua confiança.

No Brasil, é mais fácil defender acusados ricos, que sempre contam com a benevolência da lei e da justiça, do que aqueles miseráveis que em um desgraçado dia de sua vida cometeram algum delito. Estes certamente serão condenados, após sofrerem todo tipo de discriminação por parte de quem deveria garantir seus direitos. Percebe-se, assim, que a justiça, sobretudo a criminal, não tem os olhos vendados como se costuma representá-la.

"Não, o tempo não chegou de completa justiça", escreveu Carlos Drummond de Andrade, no poema "A flor e a náusea".

Assumir a defesa de dependentes químicos pobres na justiça criminal constitui para mim um ato de amor e solidariedade. Essa é minha missão e minha redenção. Entretanto, o papel do advogado, nesses casos, não se restringe a defendê-los nas ações penais. Dele se exige também uma palavra de conforto ou de incentivo que pode servir de auxílio na libertação de seres humanos aprisionados pelas drogas.

Diante da desinformação que acompanha o fenômeno das drogas e da legislação referente à matéria, o advogado precisa também estar preparado para se posicionar sobre o tema em outros espaços da sociedade. Por isso, é importante que, tanto na mídia como em palestras e debates públicos, ele se manifeste a fim de combater o preconceito e a discriminação e propor soluções para esse grave problema social.

Após a publicação do meu livro *Amor sem limites: a luta contra as drogas*, participei de entrevistas, debates e palestras e pude perceber como ainda é grande a desinformação em torno do assunto. As pessoas julgam e condenam aqueles que cometem crimes sob a influência das drogas sem procurar compreender as verdadeiras causas da sua delinquência. Dessa forma, a saída para esse problema fica cada vez mais difícil, ao mesmo tempo em que aumentam a violência e o consumo de drogas.

É imprescindível que, antes de condenar definitivamente o dependente químico, a sociedade possa se informar sobre a questão para melhor compreendê-la e buscar soluções. A violência de nossos dias tem causas socioeconômicas e políticas que precisam ser conhecidas e combatidas, sob pena de continuarmos na superfície dos acontecimentos, sem descer às raízes profundas que condicionam a criminalidade.

Apesar das dificuldades, sigo por esse caminho procurando acender uma luz que dê sentido ao meu trabalho e à minha própria vida. Uma chama, pequena que seja, capaz de tocar os corações das pessoas e iluminar os passos dos dependentes químicos na sua caminhada de libertação. E que também ajude a abrir uma porta para o indivíduo na justiça criminal, por onde ele possa passar com a certeza de que lhe será assegurado o respeito a seus direitos fundamentais e à sua dignidade como pessoa humana.

Vocação é uma palavra que vem do latim *vocare*, que significa chamado. É o chamado que Deus faz a cada um de nós para cumprir uma missão neste mundo em benefício da humanidade. Como disse o Papa Francisco, "O Reino de Deus nos chama". Eu também ouvi esse chamado num determinado momento da minha vida. Foi na defesa dessas pessoas – pobres, excluídas e condenadas por uma sociedade que não reconhece seus próprios crimes – que minha vocação encontrou sentido e direção.

Amilton Bueno de Carvalho escreveu que o advogado ou o defensor público criminal é "o defensor do um contra todos". Para o magistrado gaúcho, essa é "uma luta inglória, onde se ingressa já derrotado" (2013, pp. 21-22). Essas palavras exprimem a verdade sobre nossa missão. Ao realizá-la, recebo muito mais do que o pouco que tenho feito por esses jovens que tanto necessitam de amor, auxílio e compreensão. E recebo de Deus, que recompensa todo o bem que fazemos aos pobres e necessitados.

O mundo seria mais justo e solidário se a humanidade fosse capaz de compreender que, como disse Frei Betto, "nos pobres se situa a centralidade das promessas de Deus". Escreveu ele:

O Reino lhes pertence *porque são pobres* – e isso não estava previsto no projeto de Javé, o Deus da justiça. Por isso, Deus se coloca ao lado deles e exige que façamos o mesmo, para que os pobres possam se livrar da pobreza e edificar um mundo sem miséria e sem oprimidos e opressores. Um mundo sem pobreza será, necessariamente, um mundo sem riqueza abusiva de uns em detrimento dos direitos sociais de outros (2014, pp. 40-41).

Talvez essa compreensão nos permita vencer o individualismo, o comodismo e a indiferença que hoje dominam a sociedade. Em uma busca desenfreada por sucesso e bem-estar, esquecemos valores essenciais como amor, bondade e solidariedade, que já não têm lugar no mundo em que vivemos. As drogas e a violência aumentam na mesma proporção em que cresce a fome de dinheiro e de poder.

Falo de compreensão como quem fala de empatia pelo sofrimento dos humilhados e marginalizados. Ela só é possível quando damos o primeiro passo no sentido de nos colocarmos no lugar do outro que vive uma realidade cruel e desumana. Compreender, nesse caso, nada mais é que ter complacência com os pequenos.

Como advogado criminal, defendo o acusado da prática de um crime, mas não defendo seu crime. Como disse Santo Agostinho, "Devemos odiar o pecado, mas amar o pecador". É com essa compreensão que realizo minha difícil tarefa na defesa dos injustiçados.

A JUSTIÇA NÃO É CEGA

No meu trabalho como advogado criminal, pude constatar que o preconceito e a discriminação contra os dependentes químicos estão presentes também na justiça criminal. Alguns juízes, que deveriam ser os primeiros a respeitar os direitos e garantias fundamentais do acusado num processo penal, afrontam o princípio constitucional da presunção de inocência e o direito que tem todo cidadão a um julgamento justo.

Na verdade, o preconceito é dirigido contra o pobre que sofre todo tipo de discriminação por parte de policiais, membros do Ministério Público e até mesmo de juízes. Em alguns casos, nos deparamos com a postura autoritária de um julgador que prejulgou a causa sem o menor senso de justiça e que deposita toda sua confiança nos depoimentos de policiais responsáveis pela prisão do acusado. Estes, em geral, comparecem à audiência como testemunhas apenas para legitimar seu trabalho e não para contribuir com a busca da verdade.

Continuam atualíssimas as palavras do grande penalista brasileiro Heleno Claudio Fragoso:

A administração da justiça criminal constitui o mais dramático aspecto da desigualdade da justiça, sendo nela puramente formal e inteiramente ilusório o princípio da igualdade de todos perante a lei, dogma dos regimes democráticos. Demasiadamente lenta, abstrata e insensível aos problemas humanos e sociais que surgem no processo penal, é exercida, na maioria dos casos, através de um corpo judiciário conservador e tradicional, aferrado à dogmática jurídica e alheio às realidades sociais que condicionam a criminalidade (apud BATISTA, 1990, p. 95).

Esse poder judiciário conservador, tradicional e enclausurado nos gabinetes, onde se esconde da realidade crua e violenta das ruas, ainda não despertou para a dimensão humana – e por isso mesmo trágica – dos processos criminais que lhes são submetidos diariamente para julgamento, e que dele exigem mais sensibilidade, compreensão e conhecimento da nossa realidade social para que a lei seja aplicada com justiça.

A dogmática jurídica jamais poderá dar conta da nossa realidade individual e social, razão pela qual não se pode sobrepor ao conteúdo humano de um processo criminal, sob pena de transformar os julgamentos em simulacros de justiça e os juízes em meros aplicadores da lei.

Talvez por isso Carnelutti tenha escrito estas palavras:

> Mais que ler muitos livros, eu queria que os juízes conhecessem muitos homens; se fosse possível, sobretudo santos e canalhas, aqueles que estão sobre o mais alto ou mais baixo degrau da escada (2015, p. 36)

O alto índice de encarceramento no país decorre, em grande medida, do conservadorismo do judiciário, que é formado por representantes das classes mais privilegiadas da sociedade, os quais desconhecem nossa complexa realidade social e o problema das drogas. A demonização das drogas e dos traficantes, inclusive por muitos integrantes da magistratura, contribui para essa situação cada vez mais alarmante.

Julita Lemgruber afirmou, com razão, que

> Há uma demonização das drogas e dos traficantes na sociedade em geral e no judiciário brasileiro, como se eles fossem responsáveis pelos índices de violência que vivemos. Quando, na verdade, a violência é uma consequência da estratégia de guerra que adotamos para lidar com as drogas.

Apesar das condições precárias do nosso sistema prisional, juízes criminais de todo o país continuam mandando pessoas para as prisões imundas e superlotadas. Isso sem qualquer reflexão mais profunda sobre a necessidade de uma medida tão extrema ou sobre as consequências, às vezes irreversíveis, dessa decisão na vida do preso e de sua família. Atuam como se não tivessem qualquer responsabilidade para com o ser humano que ingressa no cárcere sem saber se um dia sairá de lá com vida.

No fundo, eles possuem uma convicção ilusória e pueril de que os juízes criminais têm a função de combater a criminalidade. Levados por essa certeza, eles agem como parte do aparato de segurança pública do Estado, decretando prisões preventivas sem necessidade e desrespeitando direitos e garantias fundamentais, na ilusão de que assim reduzirão a violência que aflige o país de um canto a outro. São esses os heróis de toga, autoritários e conservadores, que aumentam as fileiras da criminalidade a pretexto de combatê-la.

Nos processos relacionados aos crimes previstos na Lei de Drogas, fica evidente a criminalização da pobreza. Basta dizer que, em tais procedimentos judiciais, acabam denunciados e condenados, em sua grande maioria, somente os pequenos traficantes, os vendedores de esquina. Enquanto isso, os verdadeiros traficantes se livram facilmente pela corrupção dos agentes públicos, que costumam fazer vistas grossas para sua atividade criminosa ou que, quando presos, logo são liberados pela polícia ou pelo judiciário.

Por outro lado, o artigo 28 da referida lei estabelece que o juiz, para determinar se o indivíduo é usuário ou traficante, deve atender também às circunstâncias sociais e pessoais do agente. Como é fácil deduzir, o referido dispositivo legal dá margem à desigualdade na sua aplicação, resultando em graves injustiças. Com frequência, o pobre é considerado traficante, enquanto o rico, que foi encontrado nas mesmas condições e com a mesma quantidade de droga, é visto como mero usuário.

Luiz Guilherme Paiva, doutor em Direito Penal pela Universidade de São Paulo (USP) e ex-secretário nacional de política sobre drogas do Ministério da Justiça, comentou o seguinte:

A própria lei tem dificuldades em estabelecer a diferença entre "usuário" e "traficante". Os critérios são sempre muito subjetivos. Na prática do nosso sistema de justiça, essa distinção se dá de forma seletiva e que reforça desigualdades. Há diversos casos em que o simples caso de a pessoa morar em uma comunidade supostamente dominada pelo tráfico é o bastante para que um porte de drogas vire uma associação para o tráfico, com penas altíssimas. As pesquisas que analisam o perfil das pessoas presas em flagrante por tráfico mostram que são, em sua imensa maioria, pessoas jovens, negras, que foram presas sozinhas, desarmadas e com quantidade ínfima de droga. Esse é o perfil do "traficante" que está nos cárceres brasileiros.

Um dos dependentes químicos que defendi na justiça criminal havia sido denunciado pelo Ministério Público do Maranhão por ter subtraído, sem violência ou grave ameaça, um botijão de gás que logo depois foi restituído ao proprietário. Pelo princípio da insignificância, reconhecido pelos nossos tribunais, esse fato jamais poderia ter originado um processo criminal, em virtude do pouco valor do objeto e por não ter havido qualquer prejuízo para a vítima. No entanto, o acusado, pobre e negro, teve que ser submetido a um processo-crime até que fosse reconhecida, na sentença, a atipicidade da conduta, isto é, que o fato não constituía crime algum.

A audiência de custódia, projeto implantado em 2015 pelo Conselho Nacional de Justiça (CNJ) em parceria com o Ministério da Justiça, constitui um grande avanço, na medida em que permite a imediata apresentação do preso a um juiz nos casos de prisão em flagrante. Durante a audiência, ouvidos o Ministério Público, a Defensoria Pública ou o advogado do preso, o juiz analisará a legalidade e a necessidade da prisão, podendo avaliar também eventuais ocorrências de tortura ou de maus-tratos. Essa medida decorre de pactos e tratados internacionais assinados pelo Brasil, como o Pacto Internacional de Direitos Civis e Políticos e a Convenção Interamericana de Direitos Humanos (Pacto de San José da Costa Rica), e pode colaborar na redução dos casos de prisões ilegais ou desnecessárias, assim como servirá para coibir práticas abusivas e desumanas costumeiramente praticadas contra os presos.

Contudo, entendo que nada irá mudar se o entendimento dos magistrados a respeito da questão continuar o mesmo. Eles precisam compreender, de uma vez por todas, que prisão não é e nunca foi solução para a criminalidade. Ela não ressocializa nem recupera o criminoso, muito menos reduz a violência que atemoriza a sociedade. A prisão constitui autêntico fator criminógeno, que coopera tão somente para agravar a situação que estamos vivendo.

Esse fato adquire maiores proporções no caso dos dependentes químicos que cometem crimes, considerando que a prisão não ajuda, de maneira alguma, em sua recuperação. Na verdade, o sistema penal encontra-se estruturado apenas para punir, da pior forma possível, o delinquente, sem lhe oferecer qualquer tratamento. Por isso, assiste razão a Nilo Batista quando afirma que "O sistema penal é absolutamente incapaz de qualquer intervenção positiva sobre o *viciado*" (1990, p. 66).

É preciso acabar com o preconceito e a discriminação que existem também na justiça criminal. Há juízes que se orgulham de aplicar penas altíssimas a pequenos traficantes, como se assim estivessem resolvendo o problema das drogas e da criminalidade. Mal sabem eles que estão apenas contribuindo para a superlotação dos presídios e o aumento da violência. Falta consciência ética, jurídica e social para perceberem o equívoco no qual estão incorrendo e a injustiça que cometem em suas decisões tão odiosas quanto as práticas criminosas que pretendem punir.

A toga do juiz não se pode transformar num instrumento de vingança ou num manto protetor da ignorância daquele que a usa, assim como não é função do juiz criminal combater o crime. Sua verdadeira função é a de ser um garantidor dos direitos fundamentais da pessoa humana submetida a julgamento, independente de quem seja e do crime que cometeu, assegurando-lhe um processo penal justo, ou seja, de acordo com as leis vigentes no país. Não se faz justiça com sentimento de ódio ou de vingança.

Muitos juízes acreditam que os fins justificam os meios e fazem da toga um instrumento de arbítrio e de opressão. Vale lembrar a famosa pergunta de Agostinho Ramalho Marques Neto: "Se são os bons que nos julgam, quem nos protegerá da bondade dos bons?".

A POLÍTICA DE DROGAS

A política adotada no Brasil encontra-se fortemente marcada pela guerra às drogas, na qual tem morrido diariamente muitas pessoas, principalmente jovens negros e pobres das periferias. Essa guerra vem sendo travada nas ruas das nossas cidades e assistida pela população, que já não acredita numa solução para esse problema. Marcos Rolim afirmou que

> As políticas contra as drogas na América Latina têm seguido os passos da "guerra contra as drogas" proposta pelos EUA. Por esta abordagem, os governos pretendem livrar as sociedades das drogas com medidas repressivas. Após décadas de experiência, essa política colheu um retumbante fracasso. Mesmo assim, seus seguidores não se cansam de propor doses mais fortes do mesmo remédio (apud CARVALHO, 2016, p. 105).

No mesmo sentido, escreveu Vera Malaguti Batista

> O fato é que esta política criminal bélica, pródiga em fracassos, se aprofunda na proporção inversa ao insucesso. Numa espécie de relação sadomasoquista, quanto mais apanhamos da nossa política criminal, mais nos apegamos a ela (2003, p. 13).

Como em toda guerra, matam-se os inimigos e prendem-se os sobreviventes numa masmorra que não recupera ninguém, apenas alimenta nossa sede de punição e de vingança. Os inimigos são aqueles de sempre: pobres, negros e favelados. Eles constituem a clientela do nosso sistema penal seletivo e violento que se tem caracterizado pela sua extraordinária capacidade de produção de sofrimento e de reprodução da criminalidade.

Os pobres sempre foram destinatários das leis penais neste país. São eles que lotam nossas prisões imundas, sofrendo todo tipo de violação de seus direitos e de sua dignidade. Além disso, costumam ser abandonados pela justiça em processos que se arrastam pelo tempo, ante a indiferença e o desprezo de juízes e promotores que sequer vão aos estabelecimentos prisionais, embora sejam responsáveis pela fiscalização da execução penal.

Heleno Claudio Fragoso afirmou que

> O Direito Penal é, realmente, o direito dos pobres, não porque os tutele e proteja, mas porque sobre eles, exclusivamente, faz recair sua força e seu dramático rigor. A experiência demonstra que as classes sociais mais favorecidas são praticamente imunes à repressão penal, livrando-se com facilidade, em todos os níveis, inclusive pela corrupção. Os habitantes dos bairros pobres é que estão na mira do aparato policial-judiciário repressivo e que, quando colhidos, são virtualmente massacrados pelo sistema (apud BATISTA, 1990, p. 94).

É o que acontece na chamada guerra às drogas. Os integrantes das camadas populares são massacrados pelo sistema penal (polícia, justiça e penitenciária), enquanto aqueles pertencentes às classes mais favorecidas quase sempre escapam ilesos, mesmo diante de situações que podem configurar a prática do crime de tráfico. Isso explica o ditado popular segundo o qual "rico é usuário, pobre é traficante", não importa se foram presos nas mesmas condições e com a mesma quantidade de droga.

Segundo a Pastoral Carcerária,

> A delirante e absurda política de "guerra às drogas" mancha de sangue a periferia e superlota as cadeias com mulheres e homens que estão na base piramidal e nas funções mais vulneráveis do comércio ilícito de drogas, principalmente depois da famigerada Lei n. 11.243/2006. O alvo do sistema penal é invariavelmente a população historicamente empobrecida e impedida de acessar plenamente (ou minimamente) os seus direitos sociais (BEOZZO; FRANCO, 2016, p. 226).

No Brasil, o debate sobre a questão das drogas e da política criminal a ser adotada nessa área tem sido travado entre os que apoiam a proibição das drogas ilícitas (proibicionistas) e os que são contra sua proibição absoluta (antiproibicionistas), sendo que estes defendem a legalização e a regulamentação da produção, do comércio e do consumo dessas substâncias e a descriminalização do tráfico.

Ambas as correntes procuram demonstrar seus pontos de vista com sérios argumentos que merecem ser levados em conta no enfrentamento desse problema, apesar do preconceito e da hipocrisia presentes em algumas discussões. Essa questão tem dividido os especialistas, bem como a sociedade em geral, enquanto as drogas avançam gerando consequências desastrosas.

Com efeito, tratando-se de tema tão delicado, ser contra ou a favor da liberação das drogas requer grande responsabilidade, razão pela qual precisamos de informações confiáveis e ampla discussão que nos ajudem a tomar uma posição e encontrar a melhor solução. A luta contra as drogas é a luta pela vida e não pode mais ser tratada com descaso, muito menos com ignorância e preconceitos, pelo Governo ou pela sociedade civil.

A nossa política proibicionista e repressiva, com o consequente incremento da violência, tem despertado severas críticas sobre sua eficácia e continuidade. Muitos estudiosos entendem que a simples proibição do uso e repressão do tráfico de drogas não é solução, considerando o aumento significativo do consumo e da criminalidade verificado nas últimas décadas.

Paulo Queiroz e Marcus Lopes afirmam:

> E, apesar da proibição, drogas são facilmente encontradas em todo território nacional. Parece, inclusive, que quão mais repressora é a política antidroga, mais forte e violento se torna o tráfico, mesmo porque, enquanto houver procura (de droga lícita ou ilícita) haverá oferta, inevitavelmente (2016, p. 13).

Para os referidos autores, "Proibir de modo absoluto o comércio de drogas é, por conseguinte, o modo mais trágico e desastroso de administrar o problema".

Luciana Boiteux, professora e coordenadora do Grupo de Pesquisas em Política de Drogas e Direitos Humanos da Universidade Federal do Rio de Janeiro (UFRJ), afirma que:

O proibicionismo cria o crime e o mercado ilícito, levando pessoas para a marginalidade, lotando prisões e permitindo que organizações criminosas lucrem com o comércio fora da lei, absolutamente desregulamentado, sem que haja qualquer controle sanitário sobre as substâncias ali vendidas. [...] No sistema de justiça criminal, direitos humanos são violados em nome da política repressiva de drogas.

Nessa linha de entendimento, muitos são aqueles que defendem a legalização e a regulamentação da produção e do comércio de drogas no país como forma de combate ao tráfico ilícito e redução dos danos causados. Para esses, ao proibir o uso e reprimir o comércio ilegal de drogas, a lei penal acaba fomentando a criminalidade e legitimando a violência policial. O tráfico e a violência são consequências da própria criminalização, razão pela qual a descriminalização é uma forma mais racional e eficaz de enfrentar o problema.

A Lei de Drogas, criada também com a finalidade de combater o encarceramento em massa que se verificou nas últimas décadas no país, acabou produzindo efeito contrário ao reforçar a proibição e a repressão ao tráfico de drogas. De acordo com o Infopen, divulgado pelo Ministério da Justiça em dezembro de 2017, 176.091 pessoas presas foram condenadas ou aguardavam julgamento pelos crimes de tráfico de drogas e associação para o tráfico, o que representa 28% do total de presos.

Além disso, a lei estabeleceu critérios muito subjetivos para distinguir o usuário do traficante, causando assim graves injustiças. O artigo 28 estabelece que o juiz, para determinar se o indivíduo é usuário ou traficante, deve atender também às circunstâncias sociais e pessoais do agente. Não é necessário ser especialista na área para perceber o risco que esse subjetivismo implica na liberdade e na vida de qualquer pessoa.

Muitos usuários são presos diariamente como traficantes apenas por serem pobres, negros e morarem na periferia. E depois são condenados a penas altíssimas de reclusão somente por causa das suas circunstâncias pessoais e sociais. A justiça criminal também contribui, com sua carga de discriminação e preconceito, para essa desigualdade na aplicação da lei penal que jamais conseguiu reduzir o consumo ou a venda dessas substâncias.

Vale observar ainda que muitas pessoas são condenadas pelo crime de tráfico de drogas apenas com base em depoimentos de policiais que efetuaram a prisão e buscam legitimar sua atuação. De acordo com pesquisa realizada pelo Núcleo de Estudos da Violência da USP e pelo juiz de direito Luis Carlos Valois, 74% das prisões em flagrante por tráfico têm apenas como testemunhas os policiais que participaram da operação, sendo que 91% dos processos criminais decorrentes dessas prisões terminam em condenação. Os juízes criminais aceitam, sem maiores questionamentos, esses testemunhos, mesmo sabendo que podem distorcer a verdade dos fatos e levar à condenação de inocentes.

A Lei de Drogas alterou a sanção prevista para o porte de droga para consumo pessoal, impedindo que seja aplicada a pena de prisão. No entanto, manteve a pena privativa de liberdade para o tráfico de drogas, que atualmente varia de 5 a 15 anos de reclusão e multa. Dessa forma, a legislação continuou adotando a lógica punitivista ao estabelecer severo tratamento penal para essa modalidade de delito.

O ex-presidente Fernando Henrique Cardoso, que presidiu a Comissão Global sobre Política de Drogas, disse ter chegado à conclusão de que "A chamada guerra às drogas, defendida pelos Estados Unidos, é uma guerra perdida. A repressão por si só não foi capaz de reduzir a produção de drogas". Na opinião dele,

> O tráfico global de drogas é um dos negócios mais lucrativos do mundo e continuará a existir enquanto houver demanda. Em vez de aferrar-se a políticas fracassadas que não reduzem a lucratividade do tráfico – e, portanto, o poder do crime organizado –, precisamos redirecionar nossos esforços para a redução do consumo de drogas e do dano que as drogas causam às pessoas e à sociedade (2014, p. 164).

As diversas correntes que hoje discutem a questão estão de acordo de que é necessário ampliar o oferecimento de ajuda para os dependentes químicos, com a criação de mais programas e centros de tratamento especializados, e, também, o comprometimento do Governo e da sociedade civil no enfrentamento dessa questão, com o objetivo de propor soluções e alternativas. Para que isso aconteça, faz-se necessário compreender que droga não é assunto de polícia, mas sim de saúde pública, e assim deve ser tratada.

Na Conferência Internacional para o Controle de Drogas (IDEC), realizada em junho de 2014, o Papa Francisco reafirmou sua posição sobre o tema. Ele disse que "A droga não se vence com a droga! A droga é um mal e com o mal não pode haver relaxamento ou compromissos".

E no que diz respeito à legalização das chamadas drogas leves, mesmo de modo parcial, afirmou:

> Além de ser, pelo menos, discutível no plano legislativo, não produz os efeitos propostos. Pretendo reiterar o que já disse em outra ocasião: não a todos os tipos de droga. Simplesmente (FRANCISCO, 2017, p. 91).

Diante disso, não é nada fácil fazer uma opção de política criminal que terá necessariamente de ser construída a partir do diálogo com toda a sociedade. Afinal de contas, visões parciais de um problema global só tendem a obstaculizar o enfrentamento desse fenômeno que hoje atinge todas as classes sociais.

Qualquer que seja a política adotada, precisamos oferecer tratamento de qualidade aos dependentes químicos, especialmente àqueles que acabaram ingressando no submundo do crime. Trata-se de recuperar o indivíduo que mergulhou no inferno da drogadição e da criminalidade, proporcionando-lhe condições para uma existência com dignidade e liberdade. Só uma nova política criminal fundada em novos paradigmas, que seja verdadeiramente democrática e tenha o ser humano como razão de todas as coisas, pode trazer de volta a esperança perdida. Cadeia serve apenas para agravar a situação pessoal e social, além de fortalecer as facções criminosas que hoje controlam a violência dentro e fora das prisões.

Nenhuma guerra deverá existir entre nós, a não ser aquela que travamos todos os dias contra a ignorância, o preconceito, o egoísmo e a ganância sem limites que impedem o país de progredir na realização do bem comum e na construção de uma sociedade justa, fraterna e solidária.

A REDUÇÃO DA MAIORIDADE PENAL

Os menores de 18 anos, por força do disposto na Constituição Federal e no Código Penal, são considerados inimputáveis, ou seja, não podem ser punidos criminalmente como os adultos. Essa causa de inimputabilidade também se encontra prevista no Estatuto da Criança e do Adolescente (Lei n. 8.069/1990).

Em virtude dos altos índices de violência, muitos defendem a redução da maioridade penal para 16 anos. Existem até mesmo propostas no sentido de que a idade da responsabilidade penal seja ainda menor. Isso me faz lembrar uma charge do cartunista Angeli, na qual vemos policiais fortemente armados aguardando na maternidade para prender os recém-nascidos.

Por razões de política criminal, a maioridade penal não deve ser reduzida em hipótese alguma. A Exposição de Motivos da Parte Geral do Código Penal já advertia que

> Os que preconizam a redução do limite, sob a justificativa da criminalidade crescente, que a cada dia recruta maior número de menores, não consideram a circunstância de que o

menor, ser ainda incompleto, é naturalmente antissocial, na medida em que não é socializado ou instruído. O reajustamento do processo de formação do caráter deve ser cometido à educação, não à pena criminal.

De fato, diminuir a maioridade penal não vai resolver o problema da violência, que tem adolescentes muito mais na condição de vítimas que de autores de delitos graves. Nesse sentido, o relatório do Unicef mostrou que o Brasil é o segundo país com maior número de homicídios de crianças e adolescentes no mundo, atrás apenas da Nigéria, onde 28 são assassinados por dia. As infrações cometidas por eles perfazem o total de 1% daquelas praticadas em todo o país, realidade essa que não é mostrada pelos meios de comunicação.

Além do mais, a pretendida redução terá como efeito imediato a superlotação dos presídios que já padecem desse problema. Como pessoas em desenvolvimento, os adolescentes estarão sujeitos a sofrer, muito mais do que os adultos, as consequências nefastas do encarceramento. Eles serão colocados em condições de vida subumanas, expostos a todo tipo de violência e influência, principalmente das facções criminosas. O Estado que não pode garantir a segurança de um preso adulto também não poderá proteger um adolescente que ingressa no sistema prisional.

É fácil concluir que tudo isso resultará em mais violência. Adolescentes abandonarão a família e a escola para nessa universidade do crime se especializarem cada vez mais, internalizando definitivamente a condição de bandidos ou de criminosos. Caso seja aprovada a redução da maioridade penal, assistiremos a uma tragédia sem precedentes, perpetrada por aqueles que desejam apenas dar vazão a seu sentimento de vingança.

As vítimas desse retrocesso serão os pobres, negros e favelados, que formam a clientela do sistema penal. E diante do agravamento do problema das drogas, que são consumidas cada vez mais cedo pela nossa juventude, tal medida produzirá mais encarceramento num país que jamais conseguiu cumprir o objetivo de ressocialização do preso, bem como a exigência constitucional de respeito à sua dignidade como pessoa humana.

É preciso observar, ainda, que os adolescentes, em caso de prática de ato infracional (conduta descrita como crime ou contravenção), estão submetidos a medidas socioeducativas que vão de advertência à internação, sendo que esta última pode durar até 3 anos e nada mais é que uma pena privativa de liberdade. Portanto, não é verdade que adolescentes em conflito com a lei ficam impunes, como divulgam os meios de comunicação com a clara intenção de influenciar a opinião pública.

A Constituição Federal, a Convenção dos Direitos da Criança e o Estatuto da Criança e do Adolescente instituíram no Brasil um sistema de responsabilidade penal do adolescente, a quem se atribui a prática de ato infracional. Trata-se de um Direito Penal Juvenil que, dependendo da conduta, dispensa ao infrator um tratamento mais severo que ao adulto, porém sem as mesmas garantias.

Na opinião de João Batista Costa Saraiva,

> Este modelo, que tem mais de 25 anos, vem produzindo resultados que merecem ser reavaliados, sem dúvida. Pretender, entretanto, lançar o adolescente no sistema prisional brasileiro, por pior que seja o sistema socioeducativo, é um rematado equívoco, que não se justifica por nenhum viés, nem mesmo, e especialmente, enquanto política pública de segurança (2016, p. 11).

Para o referido autor, pretender reduzir a idade penal constitui "Um triste engodo demagógico, que arrasta consigo muitos de boa vontade".

Há aqueles que defendem um aumento no tempo de internação dos adolescentes que praticam condutas mais graves como homicídio, estupro ou latrocínio. Considerando a realidade das unidades responsáveis pelo cumprimento da medida de internação, existe sempre o risco de se reproduzirem os males da prisão. Assim, em vez de atacarmos as causas da criminalidade juvenil, estaremos reproduzindo o discurso dos punitivistas.

No atual sistema, ao contrário do que muitos pensam, o adolescente já permanece preso. Entretanto, as unidades de ressocialização para onde são encaminhados não têm cumprido o papel de reeducá-los ou de ressocializá-los. Isso porque a grande maioria dessas unidades encontra-se numa situação de calamidade e horror. As regras previstas pelo ECA e pelo sistema nacional de atendimento socioeducativo não são aplicadas. Tudo isso tem resultado em altos índices de reincidência, como acontece em qualquer prisão do país.

Como bem observou Miguel Reale Júnior, advogado criminal e professor de Direito Penal da Universidade de São Paulo (USP), "A maioridade penal não se traduz em impunidade porque os adolescentes já estão sujeitos a medidas repressivas".

Além do mais, a discutida redução da maioridade penal fará o Brasil ignorar compromissos internacionais de direitos humanos assumidos, como a Convenção sobre os Direitos da Criança, que proíbe o julgamento de adolescentes como adultos e exige a implementação de um sistema de responsabilidade criminal especial que assegure a presunção da inocência e o devido processo legal.

Amerigo Incalcaterra, representante regional para a América do Sul do Escritório do Alto Comissariado das Nações Unidas para os Direitos Humanos (ACNUDH), afirmou que

> Os 195 Estados do mundo que ratificaram a Convenção sobre os Direitos da Criança, incluindo o Brasil, se comprometeram a adotar todas as medidas legislativas para proteger os menores de idade. Porém, a redução da maioridade penal contraria esse mandato de proteção e não é solução nenhuma para o problema da insegurança.

Segundo ele, "É falso afirmar que os menores que cometem crimes graves não são responsabilizados por seus atos".

Reduzir a maioridade penal sem combater as causas da criminalidade não irá resolver o problema da segurança pública no Brasil. Isso só contribuirá para a superlotação dos presídios e o aumento da violência. Em pouco tempo, novas propostas de diminuição serão apresentadas pelos nossos legisladores, eles mesmos acusados de vários crimes e impunes. Isso mostra que o desejo de punir o outro, pouco importa a idade na qual se encontre, é maior que a vontade de educar e corrigir.

A medida privativa de liberdade ou internação, ao mesmo tempo que é considerada a única resposta possível do Estado, serve também para ocultar as verdadeiras causas da delinquência juvenil: a má aplicação da lei e dos recursos públicos, bem como a falta de políticas públicas e sociais que assegurem a todos condições dignas de existência. Para reverter esse quadro, será preciso combater também a desigualdade que gera violência.

O Estado precisa investir recursos para que tenhamos uma educação pública de qualidade, que seja capaz de formar cidadãos, sem excluir os pobres e miseráveis. Muitos alunos não têm condições de permanecer no ambiente escolar e são empurrados para o tráfico de drogas. É preciso mudar essa realidade de exclusão e de violência que condena nossa juventude à criminalidade, com suas terríveis consequências. A escola foi feita para realizar sonhos, ensinar valores, encaminhar destinos e alimentar a esperança de um mundo mais justo e mais humano.

Talvez o cartunista Angeli tenha profetizado sobre um futuro não muito distante. Dia chegará em que assistiremos perplexos àquela cena absurda e comovente de policiais aguardando na maternidade para prender os recém-nascidos. A maioridade penal terá finalmente regredido para os primeiros momentos de vida do ser humano, provando, assim, que o desejo de vingança e a sede de punição não têm limites. Então, todos já nasceremos culpados e condenados pelo ódio e pela ignorância.

OS DIREITOS HUMANOS

O tema ora abordado é sempre objeto de muita polêmica porque tem sido mal compreendido ao longo do tempo. Fala-se de direitos humanos como algo que beneficia apenas criminosos. Os meios de comunicação contribuem para essa confusão e muitas vezes procuram colocar a opinião pública contra seus defensores, que acabam sendo alvos de críticas e ameaças.

É preciso esclarecer que direitos humanos nada mais são que direitos da pessoa humana. Desse modo, estamos falando dos direitos de todos os seres humanos e não apenas de alguns. Mas, diante da cegueira e do ódio coletivo, que também decorrem do assustador aumento da violência nos nossos dias, as pessoas parecem não enxergar o óbvio.

O jurista Dalmo de Abreu Dallari, professor emérito da Universidade de São Paulo (USP), observa que

> A expressão *direitos humanos* é uma forma abreviada de mencionar os direitos fundamentais da pessoa humana. Esses direitos são considerados fundamentais porque sem eles a

pessoa humana não consegue existir ou não é capaz de se desenvolver e de participar plenamente da vida (2004, p. 12).

Portanto, referem-se às necessidades humanas essenciais como a vida, a liberdade, a educação, a saúde, a moradia, a alimentação etc. Defendê-los nada mais é que defender o direito que todo ser humano tem a uma vida digna, assim considerada aquela em que seja permitido a todos os homens e a todas as mulheres realizarem-se enquanto pessoas e gozarem dos benefícios sociais hoje reservados apenas a uma pequena parte da população.

Aqueles que são condenados à pena de prisão pelo cometimento de algum crime também devem ter respeitados seus direitos. A Lei de Execução Penal, no artigo 41, estabelece os direitos dos presos, entre os quais estão alimentação, vestuário, trabalho, previdência social, assistência material, jurídica, educacional, social, religiosa e à saúde. Esses são os direitos do ser humano encarcerado, que devem ser respeitados por todos.

Cumpre observar também o que prescreve o artigo 40 da referida lei: "Impõe-se a todas as autoridades o respeito à integridade física e moral dos condenados e dos presos provisórios". A Constituição Federal, no seu artigo 5º, inciso XLIX, contém dispositivo semelhante: "É assegurado aos presos o respeito à integridade física e moral". Apesar disso, sua integridade é desrespeitada cotidianamente no sistema prisional.

Dalmo Dallari acrescenta:

Os direitos humanos fundamentais são os mesmos para todos os seres humanos. E esses direitos continuam existindo mesmo para aqueles que cometem crimes ou praticam atos que prejudicam as pessoas ou a sociedade. Nesses casos, aquele que praticou o ato contrário ao bem da humanidade deve sofrer a punição prevista numa lei já existente, mas sem esquecer que o criminoso ou quem praticou um ato antissocial continua a ser uma pessoa humana (ibid., pp. 14-15).

Com efeito, o condenado conserva todos os direitos que não foram atingidos pela lei ou pela sentença penal condenatória. Cabe ao Estado garantir o respeito a esses direitos, que não podem ser violados. No entanto, nas precárias condições das nossas prisões, os presos convivem com toda sorte de desrespeito aos seus direitos e à sua dignidade.

O reconhecimento e a proteção da dignidade da pessoa humana são resultado de larga evolução, sendo uma conquista da civilização. Esse princípio constitucional teve sua formulação clássica na obra do filósofo alemão Immanuel Kant, que disse que nenhum homem pode ser, para outro, apenas meio, pois cada homem é um fim em si mesmo. Logo, não podemos tratar as pessoas como meros objetos, mesmo que tenham cometido algum tipo de crime, e sim como detentoras de direitos fundamentais que devem ser respeitados e preservados.

No Brasil, os presos estão submetidos a um sistema carcerário que se mostrou incapaz de cumprir a exigência de respeito à sua dignidade. É possível constatar isso numa rápida visita a qualquer penitenciária. As condições indignas e subumanas em que eles se encontram violam as leis do país e ferem a nossa consciência social. Muitos não percebem que esse tratamento serve apenas para gerar mais revolta e violência, num ciclo que parece não ter fim.

A Lei de Execução Penal, que estabelece como objetivo da execução da pena "proporcionar condições para a harmônica integração social do condenado", jamais foi cumprida. Isso explica o caos no sistema penitenciário, com estabelecimentos imundos e superlotação, rebeliões e massacres que teriam sido evitados se a referida lei fosse observada tanto no que diz respeito aos direitos dos presos como ao funcionamento das prisões.

A Declaração Universal dos Direitos Humanos, proclamada pela Assembleia Geral das Nações Unidas, em 10 de dezembro de 1948, no seu artigo 5º, estabelece que "Ninguém será submetido à tortura, nem a tratamento ou castigo cruel, desumano ou degradante". A Constituição Federal de 1988 igualmente prescreve, no artigo 5º, inciso III, que "Ninguém será submetido à tortura nem a tratamento desumano ou degradante". Apesar disso, a tortura e os maus-tratos são comuns no sistema penitenciário brasileiro e até hoje não se tem notícia de ninguém que tenha sido condenado por essas práticas.

De acordo com o Relatório Anual 2015/2016, do Mecanismo Nacional de Prevenção e Combate à Tortura (MNPCT),

As prisões brasileiras têm um perfil violador dos direitos humanos. Incapaz de garantir um retorno digno da pessoa privada de liberdade ao mundo livre. A tortura e os maus-tratos foram observados como práticas sistemáticas nas unidades de privação de liberdade, estando fortemente enraizadas no cotidiano de tais estabelecimentos.

Na defesa dos direitos humanos, lutamos pelo respeito aos direitos fundamentais de qualquer pessoa, seja ela culpada ou inocente, inclusive daquelas que não compreendem o que fazemos e seguem nos acusando de proteger bandidos. Defendemos indivíduos que cometem crimes e estão presos porque são os que mais têm seus direitos e sua dignidade desrespeitados, levando-se em conta que o sistema prisional é um campo de violações dos direitos humanos.

No fim da década de 1970, Yolanda Catão e Elizabeth Sussekind constataram o seguinte sobre a situação dos presos na cidade do Rio de Janeiro:

> Assim, o drama do preso detido por suposta prática delituosa consiste não só na condição subumana em que vive, mas também na inexistência de instituição ou grupo que se preocupe, verdadeiramente, em fazer com que seus direitos básicos sejam observados (1980, p. 54).

Essa situação foi se agravando com o encarceramento em massa que ocorreu no país. O Informe Anual 2015/2016, da Anistia Internacional, afirma que "superlotação extrema, condições degradantes, tortura e violência continuaram sendo problemas endêmicos nas prisões brasileiras". Essa é uma situação que, na verdade, apenas colabora para o aumento da criminalidade.

Para aqueles que pensam que os defensores dos direitos humanos só estão preocupados em defender bandidos, como se estes não fossem seres humanos e, portanto, sujeitos de direitos, fica a advertência de Dalmo Dallari

> Existe uma dignidade inerente à condição humana, e a preservação dessa dignidade faz parte dos direitos humanos (ibid., p. 15).

Não podemos esquecer que a dignidade da pessoa humana constitui fundamento do nosso Estado Democrático de Direito, conforme estabelece a Constituição Federal (artigo 1º, inciso I), devendo ser preservada por todos como condição indispensável para a construção de uma sociedade livre, justa e solidária.

Nilo Batista escreveu que "Existe algo de sonho e de luta nos direitos humanos" (1990, p. 91). Só na luta pelo respeito desses direitos podemos realizar o sonho de um mundo melhor para todos os homens e todas as mulheres que alimentam a esperança de ver crescer a semente do Reino de Deus.

Como verdadeiros cristãos, comprometidos com o projeto de Jesus, somos convocados para voltar nossos olhos para os encarcerados e a situação na qual se encontram, combatendo a injustiça e a violação dos seus direitos.

Prisões e massacres

No início de 2017, ocorreu mais uma tragédia no sistema prisional brasileiro. Uma série de massacres em penitenciárias de Manaus, Roraima e Rio Grande do Norte resultou em 134 pessoas assassinadas dentro dos presídios, segundo a Pastoral Carcerária.

A carnificina que se verificou nessas prisões ocupou o noticiário nacional e internacional e contou com o apoio de muitas pessoas que, nas ruas e nas redes sociais, manifestaram-se favoravelmente à morte dos presos. Isso culminou com a declaração do secretário nacional da juventude, Bruno Júlio, em entrevista: "Tinha era que matar mais. Tinha que fazer uma chacina por semana".

O Informe Anual 2014/2015, da Anistia Internacional, relata que, em 2013, 60 detentos foram assassinados na penitenciária de Pedrinhas, no Maranhão. Entre janeiro e outubro de 2014, mais de 18 internos foram mortos nessa prisão, num espetáculo de barbárie que se repete de tempos em tempos. Vídeos das decapitações foram exibidos pela mídia. No ano de 2001, a deputada estadual Helena Barros Heluy, que se notabilizou na defesa dos direitos humanos, após o que chamou de "rebelião bárbara", denunciou as condições subumanas em que viviam os presos naquela penitenciária.

Vale lembrar que, em 2 de outubro de 1992, a tropa de choque da Polícia Militar do Estado de São Paulo foi chamada para conter uma rebelião no Complexo Penitenciário do Carandiru e acabou assassinando 111 detentos, segundo a versão oficial; acontecimento que ficou conhecido como *O Massacre do Carandiru*. Sobre esse episódio, escreveu Drauzio Varella:

> Passava das três da tarde quando a PM invadiu o pavilhão Nove. O ataque foi desfechado com precisão militar: rápido e letal. A violência da ação não deu chance para defesa. Embora tenha sobrado para todos, as baixas mais pesadas ocorreram no terceiro e no quinto andar (2016, p. 289).

Logo após os trágicos eventos que ocorreram em 2017, as autoridades públicas, no intuito de ocultarem sua omissão e incompetência no enfrentamento da questão penitenciária, puseram a responsabilidade do acontecido na guerra entre as facções, que hoje dominam as prisões e o tráfico de drogas. No entanto, o responsável é o próprio Estado, que se mostra incapaz de garantir a integridade física e moral dos homens e mulheres que se encontram nas prisões brasileiras.

Essas rebeliões decorrem da política irracional de guerra às drogas, que há muito tempo vem sendo adotada no Brasil, e que só produz sofrimento, encarceramento e morte. Além disso, estão diretamente relacionadas com as péssimas condições do ambiente prisional, a superlotação carcerária, o desrespeito aos direitos dos presos e o fortalecimento das facções criminosas.

Maria Lúcia Karam, comentando os eventos ocorridos no início de 2017, disse: "Sem dúvida, é a guerra às drogas e a busca por mercados que geram massacres como esses dessa semana".

A Pastoral Carcerária divulgou, em 19 de janeiro de 2017, uma contundente nota sobre a situação dos presídios, na qual faz duras críticas ao posicionamento do Governo e da justiça: "Se a situação que alertávamos há tempos era pelo desencarceramento ou barbárie, o Estado, de forma clara e reiterada, optou pela barbárie. Parafraseando Darcy Ribeiro, já não se trata mais de uma crise, mas de um projeto". O texto afirma também que "O principal produto do sistema prisional brasileiro sempre foi e continua sendo a morte, a indignidade e a violência".

O documento revela que

> Em números bastante subestimados, fornecidos pelas próprias administrações penitenciárias, no mínimo 379 pessoas morreram violentamente nas masmorras do país em 2016, sem que qualquer "crise" fosse publicamente anunciada pelas autoridades nacionais.

Denuncia ainda que

> A guerra de facções, por sua vez, transformada em uma narrativa lúdica, desinforma e distrai daquilo que jaz no cerne da questão: o processo maciço de encarceramento que

vivenciamos, e que desde 1990 multiplicou em mais de sete vezes a população prisional brasileira, somando, juntamente com os presos domiciliares e em medida de segurança, mais de 1 milhão de seres humanos sob tutela penal, segundo dados do CNJ.

Nesse contexto, os juízes criminais punitivistas têm grande responsabilidade, visto que continuam lotando os presídios de pequenos traficantes e decretando prisões preventivas sem necessidade. Esquecem ou não querem admitir que sua função é garantir os direitos fundamentais do acusado e do condenado frente ao poder punitivo do Estado. E não agirem como justiceiros de toga que, com sua fé inabalável na prisão, mandam prender sem se importar com a vida de mais um desgraçado que ingressa no sistema prisional.

Amilton Bueno de Carvalho, em artigo intitulado "O (im)possível julgar penal", escreveu: "Somos sim todos responsáveis pela vida prisional: nada nos desculpa!".

É preciso acabar com a cultura do encarceramento que há muito tempo domina nossa consciência jurídico-social sem oferecer qualquer solução para o problema da violência de nossos dias. Essa cultura tem dizimado, ao longo de décadas de descaso e de injustiça, milhares de vidas apenas para alimentar o ódio e o sentimento de vingança daqueles que, por uma profunda falta de empatia, mostram-se incapazes de se colocar no lugar ou na pele do outro que sofre as consequências dessa situação.

Vivemos em tempos sombrios e assistimos a um processo de desumanização e naturalização da violência que resulta num sistema de desvínculo, como aquele descrito por Eduardo Galeano:

> Um sistema de desvínculo: *Boi sozinho se lambe melhor...* O próximo, o outro, não é seu irmão, nem seu amante. O outro é um competidor, um inimigo, um obstáculo a ser vencido ou uma coisa a ser usada. O sistema, que não dá de comer, tampouco dá de amar: condena muitos à fome de pão e muitos mais à fome de abraços (2016, p. 81).

O Papa Francisco, a voz mais eloquente do nosso tempo, na Jornada Mundial da Juventude, realizada na Polônia, em julho de 2016, afirmou:

> A crueldade não acabou em Auschwitz e em Birkenau: também hoje pessoas são torturadas; tantos prisioneiros são torturados para fazê-los falar... É terrível! Hoje existem homens e mulheres em prisões superlotadas: vivem como animais! O que vimos ali setenta anos atrás, hoje acontece a mesma coisa.

As prisões brasileiras se assemelham aos campos de concentração e de extermínio nazistas. Recordo as palavras de Elie Wiesel: "Deus e Auschwitz não andam juntos". Parafraseando o escritor e sobrevivente judeu, posso dizer que Deus e prisão não andam juntos, pois ela representa a negação do projeto divino de vida e liberdade para todos os seres humanos. E serve para alimentar e perpetuar no coração do homem e da mulher este sentimento que tem destruído tantas vidas: a vingança.

Após os massacres que ocorreram nos primeiros dias de 2017, somos obrigados a voltar nossa atenção para esse sistema prisional seletivo e violento e para as pessoas que nele sobrevivem. Devemos envidar todos os esforços para mudar essa realidade que afeta a sociedade, causando medo, sofrimento e violência. Não podemos ficar impassíveis diante dessa tragédia, presos ao individualismo e ao conformismo, quando o que está em jogo é a nossa própria sobrevivência.

Esse me parece ser nosso grande desafio neste início de milênio. O sacrifício de tantas vidas humanas excluídas, abandonadas e vistas com desprezo por grande parte da sociedade, exige que olhemos para o modo como estamos tratando aqueles que, aceitemos ou não, são nossos semelhantes. Ou fazemos isso ou muito em breve assistiremos ao rompimento do nosso frágil tecido social.

A barbárie que testemunhamos hoje em dia também é fruto da nossa omissão e do nosso descaso. Sua banalização só contribui para agravar cada vez mais essa difícil situação. Por essa razão, não podemos conceber fatos terríveis como esses como naturais ou sem solução. Precisamos mudar a realidade social não com prisões, que geram rebeliões e massacres, mas com políticas públicas sérias e eficazes que atuem nas raízes da violência.

A criminalidade tem origem em fatores socioeconômicos e políticos sobre os quais as leis penais, que se limitam a punir aquele que cometeu um crime, não exercem nenhuma influência. Portanto, para resolver o problema da violência devemos abandonar certas ilusões, como aumento de penas e construção de mais presídios, e começar a combater suas causas.

Ter empatia, sentir compaixão por aquele que sofre, indignar-se com a injustiça, são características próprias do ser humano e qualidades que nos humanizam. Deixar de se revoltar com os massacres que acontecem nas enxovias do nosso sistema carcerário, de cobrar soluções efetivas e racionais, cooperando para um mundo de justiça e paz, é desumanizar-se.

O poeta alemão Bertolt Brecht escreveu um conhecido poema que merece ser sempre lembrado, sobretudo em tempos de crise como este que atravessamos:

> Nada é impossível de mudar
> Desconfiai do mais trivial,
> na aparência singelo.
> E examinai, sobretudo, o que parece habitual.
> Suplicamos expressamente:
> não aceiteis o que é de hábito como coisa natural,
> pois em tempo de desordem sangrenta,
> de confusão organizada,
> de arbitrariedade consciente,
> de humanidade desumanizada,
> nada deve parecer natural,
> nada deve parecer impossível de mudar.

Conclusão

Os temas abordados neste livro costumam ficar restritos aos especialistas e às universidades que, utilizando uma linguagem complicada e inacessível ao mais comum dos mortais, distanciam-se da sociedade e se isolam numa torre de marfim. Desse modo, acabam afastando o cidadão comum das discussões que se desenvolvem em torno desses três temas tão relevantes para a vida social.

O discurso da guerra às drogas que hoje domina as decisões políticas nessa área, constitui obstáculo para a implantação de uma nova política criminal. Além de incrementar a violência, limita a questão ao seu aspecto repressivo e punitivo. Com efeito, tem-se priorizado, no enfrentamento desse complexo problema social, a resposta penal que se dá na forma de punição (prisão), como se se tratasse de um problema de polícia e não de saúde pública, como de fato é.

Salo de Carvalho entende que

> A eleição dos sujeitos envolvidos com drogas como os novos inimigos da sociedade global reduziu toda a complexa

problemática ao exclusivo âmbito penal. Esta escolha, não obstante potencializar violências, impossibilitou historicamente soluções alternativas (não penais) baseadas na diversificação e na redução dos riscos e dos danos provocados pelo (ab)uso de drogas (2016, p. 384).

Como consequência dessa escolha, temos o grande encarceramento que está diretamente relacionado com o problema das drogas e da política criminal adotada. Essa guerra tem vitimado jovens pobres e negros do nosso país, sem que as autoridades públicas tomem qualquer providência para evitar esse genocídio. Antes discriminados e excluídos dos benefícios sociais, agora eles são brutalmente assassinados sob o discurso irracional da guerra às drogas.

Em vez de sair às ruas exigindo mais prisões, que não passam de fábricas de criminosos, devemos exigir mais justiça social num país que já abandonou os limites entre o injusto e o desumano. Somente combatendo a desigualdade que gera violência e produz a morte de muitos é possível ter esperança na luta contra o crime. Afinal de contas, o sistema penal jamais cumpriu seus objetivos declarados de redução da violência e de ressocialização do delinquente.

Como adverte Maria Lúcia Karam,

> Sempre se deve ter presente que o sistema penal gera situações muito mais graves e dolorosas que os conflitos qualificados como crimes, que, enganosamente, anuncia poder resolver (BATISTA; KOSOVSKI, 2012, p. 88).

A Lei de Drogas acabou produzindo mais encarceramento ao insistir na repressão e no aumento de pena para o crime de tráfico, bem como na falta de elementos objetivos que diferenciem o traficante do usuário. As cadeias estão superlotadas de pequenos varejistas, empregados do tráfico que entram nessa atividade ilícita para satisfazer sua necessidade de consumo de droga ou simplesmente para mudar de vida. Daqui a algum tempo, esses jovens sem perspectiva de vida sairão da prisão em situação de maior periculosidade. O grande traficante geralmente consegue escapar através da corrupção dos agentes públicos.

Não é fácil optar por uma dessas alternativas – proibição ou legalização das drogas – diante de tudo o que envolve uma tomada de posição num sentido ou no outro. Como disse o Papa Francisco, o avanço do flagelo das drogas representa um perigo para crianças e adolescentes. Entretanto, já não podemos conviver com essa guerra absurda e desastrosa que tem destruído tantas vidas humanas. Precisamos encontrar um caminho que não seja o da guerra que assistimos diariamente pela televisão ou pela internet e que tem resultado num genocídio da juventude negra e pobre.

Nilo Batista afirma que o Brasil tem adotado para as drogas uma "política criminal com derramamento de sangue". Portanto, para que seja possível a superação da violência que hoje toma conta das ruas, será preciso a construção de uma nova política, mais racional, humana e democrática.

Todas as drogas são nocivas e comprometem a família, o estudo, o trabalho e a dignidade do ser humano. Por isso, é necessário esclarecer a juventude sobre os efeitos dessas substâncias, inclusive das drogas lícitas como o álcool, que tem causado mais danos ao indivíduo e à sociedade que as demais. Basta observar que cerca de 80% dos homicídios cometidos no Brasil estão relacionados com o consumo de bebidas alcoólicas. Sem falar nos crimes de trânsito e nos casos de violência doméstica que também guardam relação direta com o álcool.

A situação assume maior gravidade quando se constata que o número de usuários de drogas cresce em todo o mundo, sendo que os jovens começam a utilizá-las cada vez mais cedo. Já é possível ver crianças consumindo drogas ilícitas ou buscando ajuda em centros de tratamento espalhados pelo país. Isso porque as drogas não conhecem sexo, idade ou classe social. Em pouco tempo, arrastam para a dependência química e para a criminalidade, que tem como consequência a prisão ou a morte. Considerando as condições dos nossos presídios, a pena de prisão pode significar, para o condenado, a pena de morte.

Diversas causas têm contribuído para essa situação alarmante que se agrava a cada ano, tais como a miséria, a desestruturação familiar, o desemprego, a falta de perspectiva, a baixa escolaridade etc.

Diante disso, não podemos ficar na posição de meros espectadores ou de julgadores implacáveis e preconceituosos. É preciso conhecer as causas da drogadição e da criminalidade para enfrentá-las com bom senso, determinação e responsabilidade. Só assim será possível transformar a realidade, que exige de nós participação e compromisso nessa questão. Infelizmente, muitas pessoas se apressam em condenar os dependentes químicos sem procurar compreender o que os levou a essa situação.

Desde o momento em que comecei o trabalho voluntário na defesa dos dependentes químicos na justiça criminal, tenho me deparado com essa falta de compreensão e de interesse da sociedade. Para falar a verdade, as pessoas só procuram entender a situação do viciado quando é um ente querido que cai no mundo das drogas e da criminalidade. Não sendo esse o caso, elas se recusam a fazer qualquer esforço de compreensão e logo condenam aquele que, muitas vezes, não passa de uma vítima das circunstâncias que lhe foram impostas.

Edgar Morin assinala que "A compreensão do outro requer a consciência da complexidade humana" (2011, p. 88). Todavia, para chegar a essa consciência, será preciso percorrer um longo caminho que passa necessariamente pelo exercício do amor e da compaixão diante do sofrimento dos marginalizados da nossa sociedade individualista, materialista e excludente. Precisamos percorrer esse caminho, se quisermos vencer a luta contra as drogas, que é uma luta pela vida.

Temos que combater a ideia segundo a qual a dependência química, com suas consequências devastadoras para o indivíduo, a família e a sociedade, constitui um problema sem solução. Esse é um pensamento equivocado que se vem alastrando cada vez mais na sociedade, causando sérios prejuízos. A solução é perfeitamente possível, desde que a busquemos com inteligência, boa vontade e capacidade de aceitar opiniões diferentes da nossa. Ela exige compreensão e disposição para o diálogo por parte do Governo e da sociedade civil, bem como um novo modelo de política criminal.

Não podemos permanecer inativos ante o avanço das drogas no mundo contemporâneo. Mesmo que não exista, no nosso ambiente familiar, alguém envolvido com essas substâncias, devemos pensar que qualquer um de nós pode ser vítima da criminalidade que hoje assola o país, espalhando medo, ódio e desesperança. Por isso, precisamos abandonar o egoísmo e o comodismo que nos mantêm fechados em nós mesmos, no desejo de consumo cada vez mais exigente, e dar nossa contribuição a fim de mudar essa realidade de dor e de violência.

O Papa Francisco assim falou para a juventude reunida em Cracóvia: "Deus espera algo de você. Deus quer algo que venha de você. Deus está esperando por você. Ele quer que suas mãos continuem a construir o mundo de hoje". Só nos resta saber se estamos realmente dispostos a ajudar na (re)construção deste nosso mundo que se desumaniza dia após dia.

Somos seres livres e inacabados. Estamos constantemente construindo a nós mesmos e o mundo em que vivemos. Portanto, cabe a nós encontrar as soluções para esse problema social que ameaça nossa sobrevivência. As drogas desviam homens e mulheres de sua vocação, de uma existência digna e com sentido, para escravizá-los e conduzi-los para a criminalidade, cuja consequência é a prisão, onde se perdem os sonhos, a esperança e a vida. É preciso acabar com o encarceramento em massa. Prisão não é solução para a violência que toma conta das nossas cidades. Essa é a pior forma de abordar o problema, sobretudo no caso dos dependentes químicos, já que não oferece qualquer tratamento. Altos índices de aprisionamento caminham juntos com altos índices de violência e de reincidência. O Estado prende jovens de baixa periculosidade e os entrega às facções criminosas que controlam os presídios. Dessa forma, a criminalidade alimenta as prisões, assim como estas alimentam a criminalidade. Por isso são chamadas de fábricas de criminosos. Daí se conclui que o problema da prisão é a própria prisão.

Alberto Zacharias Toron escreveu:

> Por isso, mesmo a partir de uma visão egoísta da questão carcerária, é preciso que se compreenda que não haverá avanço significativo na área da segurança pública sem que se modifique o sistema penitenciário e se cuide dos seus egressos. Altos índices de reincidência são a prova cabal do fracasso do sistema penal (SZAFIR, 2010, p. 9).

Por tudo isso é que hoje sonho com um mundo sem prisões. Enquanto não se atinge esse ideal de uma humanidade livre e redimida, devemos lutar pela humanização dos cárceres e pela sua limitação a casos de comprovada necessidade. Além disso, devemos defender os direitos dos presos, bem como a sua dignidade como pessoa humana feita à imagem e semelhança de Deus.

Segundo Dalmo Dallari,

> Aí está o ponto de partida para a concepção básica dos direitos humanos neste começo de milênio. Se houver respeito aos direitos humanos de todos e se houver solidariedade, mais do que egoísmo, no relacionamento entre as pessoas, as injustiças sociais serão eliminadas e a humanidade poderá viver em paz (2004, p. 16).

Talvez seja este o nosso grande desafio como cristãos no século XXI: olhar para aqueles que foram excluídos da convivência social e esquecidos ou eliminados numa prisão imunda, onde se vive o sofrimento e se mata a esperança, e neles reconhecer o rosto de Jesus Cristo que nos convida a seguir seus passos na construção de uma nova sociedade.

Para Leonardo Boff,

> Não tem cuidado com os empobrecidos e excluídos quem não os ama concretamente e não se arrisca por sua causa. A consolidação de uma sociedade mundial globalizada e o surgimento de um novo paradigma civilizacional passam pelo cuidado com os pobres, marginalizados e excluídos. Se seus problemas não forem equacionados, permaneceremos ainda na pré-história. Poderemos ter inaugurado o novo milênio, mas não a nova civilização e a era de paz eterna com todos os humanos, os seres da criação e o nosso esplêndido planeta (2014, p. 166).

Creio que somente voltando nossa atenção, hoje tão centrada no consumismo e no cuidado de si mesmo, para a triste realidade dos drogados e encarcerados, poderemos um dia superar a violência, como propôs o tema da Campanha da Fraternidade de 2018, e construir um mundo de justiça e paz.

REFERÊNCIAS BIBLIOGRÁFICAS

ANISTIA INTERNACIONAL. *O estado dos direitos humanos no mundo*. Informe Anual 2014/2015, 2015/2016 e 2016/2017.

BATISTA, Nilo. *Punidos e mal pagos*. Rio de Janeiro: Revan, 1990.

_____. *Novas tendências de direito penal*. Rio de Janeiro: Revan, 2004.

_____; KOSOVSKI, Ester (org.). *Tributo a Louk Hulsman*. Rio de Janeiro: Revan, 2012.

BATISTA, Vera Malagutti. *Difíceis ganhos fáceis: drogas e juventude pobre no Rio de Janeiro*. Rio de Janeiro: Revan, 2003.

BAUMAN, Zygmunt. *Vidas desperdiçadas*. Rio de Janeiro: Zahar, 2005.

BEOZZO, José Oscar; FRANCO, Cecília Bernardete (org.). *Educar para a paz em tempos de injustiças e violência*. São Paulo: Paulus, 2016.

BERGERON, Henri. *Sociologia da droga*. São Paulo: Ideias e Letras, 2012.

BITENCOURT, Cezar Roberto. *Falência da pena de prisão*. 4. ed. São Paulo: Saraiva, 2011.

BOFF, Leonardo. *Saber cuidar: ética do humano – compaixão pela terra*. 20. ed. Rio de Janeiro: Vozes, 2014.

CARDOSO, Fernando Henrique. *A soma e o resto: um olhar sobre a vida aos 80 anos*. 9. ed. Rio de Janeiro: Civilização Brasileira, 2014.

CARNELUTTI, Francesco. *As misérias do processo penal*. 3. ed. São Paulo: Edijur, 2015.

CARVALHO, Amilton Bueno de. *Direito penal a marteladas*. Rio de Janeiro: Lumen Juris, 2013.

CARVALHO, Salo de. *A política criminal de drogas no Brasil*. 8. ed. São Paulo: Saraiva, 2016.

DALLARI, Dalmo de Abreu. *Direitos humanos e cidadania*. 2 ed. SP: Moderna, 2004.

FÓRUM BRASILEIRO DE SEGURANÇA PÚBLICA. *Anuário do fórum brasileiro de segurança pública*. São Paulo, 2017.

FOUCAULT, Michel. *A microfísica do poder*. 3. ed. Rio de Janeiro: Paz e Terra, 2015.

FRAGOSO, Heleno Claudio; CATÃO, Yolanda; SUSSEKIND, Elisabeth. *Direitos dos presos*. RJ: Forense, 1980.

FREI BETTO. *Oito vias para ser feliz*. São Paulo: Planeta, 2014.

GALEANO, Eduardo. *O livro dos abraços*. Porto Alegre: L&PM, 2016.

HULSMAN, Louk; CELIS, Jacqueline Bernat de. *Penas perdidas: o sistema penal em questão*. Niteroi: Luam, 1993.

INCALCATERRA, Amerigo. Com redução de maioridade penal, o Brasil ignora compromissos internacionais. ONUBR, 10 set. 2015. Disponível em: <https://nacoesunidas.org/artigo-com-reducao-de-maioridade-penal-o-brasil-ignora-compromissos-internacionais/amp/> Acesso em: 7 mai. 2017.

LEMGRUBER, Julita. Legal e controlada. *O Estado de S.Paulo*, São Paulo, 26 abr. 2014. Disponível em: <https://www.google.com.br/amp/m.estadao.com.br/noticias/geral,legal-e-controlada,1158993.amp>. Acesso em: 10 de abr. de 2017.

LINS E SILVA, Técio. *O que é ser advogado*. Rio de Janeiro: Record, 2005.

LYRA, Roberto. *Visão social do direito*. Rio de Janeiro: Editora Rio, 1976.

_____ *Penitência de um penitenciarista*. Belo Horizonte: Líder, 2013.

MARQUES NETO, Agostinho Ramalho. A sanha punitivista e a estigmatização gremista: quem nos salvará da bondade dos bons? *Justificando*, Rio de Janeiro, 9 set. 2014. Disponível em: <http://justificando.com/2014/09/09/sanha-punitivista-e--estigmatizacao-gremista-quem-nos-salvara-da--bondade-dos-bons-2/> Acesso em: 16 mar. 2017.

MECANISMO NACIONAL DE PREVENÇÃO E COMBATE À TORTURA (MNPCT), *Relatório Anual 2015/2016*, Brasília, 2015.

MORIN, Edgar. *Os sete saberes necessários à educação do futuro*. 2. ed. São Paulo: Cortez, 2011.

NIETZSCHE. Friedrich. *A genealogia da moral*. Rio de Janeiro: Vozes, 2013.

PAIVA, Alan. *Amor sem limites – a luta contra as drogas*. São Paulo: Paulinas, 2016.

PAIVA, Luiz Guilherme. O país é forte com os fracos e fracos com os fortes, diz especialista sobre política antidrogas. *Estadão*, São Paulo, 21 set. 2016. Disponível em: <https://www.google.com.br/amp/politica.estadao.com.br/blogs/fausto-macedo/0-pais-e-forte-com-os-fracos-e-fraco-com-os--fortes-diz-especialista-sobre-politica-antidrogas/%3famp> Acesso em: 20 mar. 2017.

PAPA FRANCISCO. *Quem sou eu para julgar?* Rio de Janeiro: Leya, 2017.

PASTORAL CARCERÁRIA NACIONAL. *Formação para agentes da Pastoral Carcerária*. São Paulo: Paulus, 2014.

QUEIROZ, Paulo; LOPES, Marcus. *Comentários à lei de drogas*. Salvador: Juspodium, 2016.

SARAIVA, João Batista Costa. *Adolescente e responsabilidade penal*. Porto Alegre: Livraria do Advogado, 2016.

SZAFIR, Alexandra. *Descasos*. São Paulo: Saraiva, 2010.

TIBURI, Marcia. *Como conversar com um fascista*. Rio de Janeiro: Record, 2017.

VARELLA, Drauzio. *Estação Carandiru*. 2. ed. São Paulo: Companhia das Letras, 2016.

WACQUANT, Loic. *As prisões da miséria*. 2. ed. Rio de Janeiro: Zahar, 2011.

Impresso na gráfica da
Pia Sociedade Filhas de São Paulo
Via Raposo Tavares, km 19,145
05577-300 - São Paulo, SP - Brasil - 2019